MADRID
Guía de Arquitectura
1900-1920

D1730333

Textos y fotografías de:

Ramón Guerra de la Vega

Edición del autor

*A María Yllera, con quien comparto la pasión por los libros de arte
y por el arte de hacer libros*

Agradecimientos:
A **Javier Jiménez**, por haberme recordado que los mejores amigos
se encuentran en el mundo del deporte.

ISBN: 84-404-6429-0
Depósito Legal: M-8.779-1990
© Ramón Guerra de la Vega
Reservados todos los derechos
Prohibida la reproducción total o parcial
Fotocomposición: Fotocomposer
Fotomecánica: Gráfico-Hispano
Impresión: A.G. GRUPO, S.A., Nicolás Morales 40, Madrid

INDICE

La ciudad de las finanzas

En el siglo XIX los banqueros utilizaban su propio palacio como sede de las actividades financieras. Recordemos los del Marqués de Salamanca en Recoletos, de Linares en Cibeles y de Gaviria en la calle Arenal.

Algunos millonarios, como los March en su palacete de Ortega y Gasset o los Longoria en su famosa joya modernista de la calle Fernando VI, continuaron ejerciendo su trabajo financiero en su propia residencia.

Todo esto cambiaría en la primera década de nuestro siglo. El arquitecto Eduardo Adaro, que había proyectado el Banco de España en Cibeles, recibía el encargo del Hispano-Americano en las Cuatro Calles, cuando corría el año 1902.

Este banco, en el que había fuertes intereses mejicanos, sería el primero en ocupar la privilegiada zona de la Carrera de San Jerónimo y la calle Sevilla. El Banco Español de Crédito utilizaría el edificio contiguo de La Equitativa, diseñado por Grases Riera en 1882. El Credit Lyonnais elegiría su primer emplazamiento en el solar de Alcalá, 8, con fachada también a la Carrera de San Jerónimo. Su arquitecto sería José Urioste, en 1904.

Sin duda el Banco del Río de la Plata, luego Central, pasaría a ocupar el primer puesto como modelo arquitectónico, tras su construcción, en 1910, por el genial arquitecto Antonio Palacios.

El Banco de Bilbao, en el encuentro de las calles de Alcalá y Sevilla, sería el último de los grandes monumentos clasicistas, definiendo el corazón del barrio madrileño dedicado a las finanzas, que tendría sus límites en la Puerta del Sol y la plaza de Cibeles.

Hoteles de lujo

Con la creación del ferrocarril las ciudades europeas comienzan a estar más cerca. A las estaciones de Príncipe Pío, Atocha y Delicias llegaban a diario numerosos viajeros adinerados que no encontraban en Madrid los hoteles que esperaban. Tan sólo algunas fondas y casas de huéspedes cumplían básicamente la función de cobijar a los visitantes.

En 1908 el Hotel Ritz se instala frente a Neptuno, ofreciendo, por primera vez en Madrid, un mundo de lujo, reservado a las más brillantes economías. Dos años más tarde, se derriba el palacio de Medinaceli, frente al Ritz, para levantar el Hotel Palace, con un número mucho mayor de habitaciones.

En la Gran Vía, el primer edificio que se construye es el Hotel Roma, en el cruce con la calle del Clavel, proyectado por Eduardo Reynals en 1912. Siete años más tarde, Jesús Carrasco concibe el Hotel Reina Victoria en el encuentro de la Plaza del Angel con la de Santa Ana. Por esas mismas fechas, Modesto López Otero inicia los cimientos del Hotel Gran Vía y del Hotel Nacional de la Glorieta de Atocha.

El arquitecto Joaquín Saldaña recibe el encargo, en 1920, del Hotel Atlántico en el nº 38 de la Gran Vía, que poco más tarde, en el año 1925, estaría acompañado por el Hotel Alfonso XIII, luego llamado Avenida, en el nº 34. Este proyecto sería iniciado por Yarnoz y terminado por Antonio Palacios.

En menos de veinte años se habían construido hoteles de lujo suficientes para atender la demanda de los nuevos visitantes de Madrid. Durante la Primera Guerra Mundial estarían ocupados por espías de todos los países en conflicto, que buscaban aprovisionamiento de materias primas. La neutralidad española propició un auge espectacular de negocios fulgurantes y millonarios, que se fraguaban en los bares y salones del Palace y el Ritz.

Los nuevos "clubs"

La crema de la alta sociedad se agrupó en diversos "clubs", a imitación de los existentes en Londres, para disfrutar de salas de juego, reunión y lectura, absolutamente privadas, en las que poder sentirse aislados del resto de los ciudadanos.

En 1893 Grases Riera proyecta el "New Club" en el nº 24 de la calle Alcalá, esquina Cedaceros. En 1905 se convoca el famoso concurso para la nueva sede del Casino de Madrid, en la misma calle de Alcalá, tras diversos traslados por locales alquilados en los alrededores. Este edificio será el más lujoso de cuantos se construyan en la primera década del siglo, al conjuntarse a la perfección las diversas artes aplicadas. A sus salones acudirá con cierta frecuencia el propio rey Alfonso XIII, de quien todos recordarán sus brillantes partidas de ajedrez.

En 1914 se inician las obras de la Gran Peña, en el nº 2 de la Gran Vía, con proyecto del arquitecto Eduardo Gambra. Dos años más tarde Eduardo Sánchez Eznarriaga dirige las obras del Casino Militar que se había trasladado desde el solar de la plaza Santa Ana ocupado ahora por el Hotel Victoria. Este nuevo Casino Militar buscaba también el prestigio de la Gran Vía, que se empezaba en esos años, aunque su concepción provenía del siglo anterior.

En 1918, los hermanos Joaquín y Luis Sainz de los Terreros ganaban el concurso para el Círculo de la Unión Mercantil, en la esquina de la calle Hortaleza con la Gran Vía, y en 1919, Antonio Palacios apasionaba al jurado del convocado para construir el Círculo de Bellas Artes.

El auge teatral

En 1901 el arquitecto Grases Riera emprende el proyecto del Teatro Lírico en la calle del Marqués de la Ensenada, frente al Palacio de Justicia. El edificio se mantuvo en pie como Liceo Francés, con el patio de butacas, en forma de herradura, convertido en patio descubierto.

Durante la Primera Guerra Mundial, y aprovechando la necesidad de diversión de las numerosas fortunas europeas refugiadas en Madrid, surgen iniciativas teatrales como el Teatro Calderón, que se llamó Odeón en un primer momento, y el teatro Reina Victoria. El primero fue obra de Eduardo Sánchez Eznarriaga, mientras que el segundo fue proyectado por José Espeliús.

En 1920 nace el edificio teatral de mayor envergadura. Se trataba del Alcázar, también de Eduardo Sánchez Eznarriaga, situado en la calle de Alcalá y que comprendía, junto a un gran teatro, una sala de fiestas y un casino de juego.

En la década de los veinte, en plena Dictadura de Primo de Rivera, aparecerán el Teatro Monumental, el Teatro Fontalba y el Real Cinema, obras todas ellas de Teodoro Anasagasti.

Los palacios de la aristocracia

Tras el fracaso de la I República y el regreso de la Monarquía, volvieron a aparecer las sonrisas en los rostros de la aristocracia. Alfonso XII murió muy joven, pero la regencia de su esposa María Cristina y el posterior reinado de su hijo Alfonso XIII significaron años de prosperidad y progreso, a pesar de las tensas luchas sociales, comunes a todas las naciones industrializadas.

La aristocracia española nunca se había distinguido por su amor a la arquitectura. En Madrid, tan sólo el Palacio de Liria, de los duques de Alba, tenía una dignidad artística equiparable a las residencias de la nobleza europea.

Por fin, al comenzar el siglo con la mayoría de edad de Alfonso XIII, la aristocracia se decidió por estar a la moda. París fue el espejo en el que todos deseaban reflejarse. Las fabulosas fiestas necesitaban marcos arquitectónicos adecuados y todos deseaban ser admirados por haber construido el más bello palacio, en los nuevos barrios del Ensanche.

Frente a los jardines del Retiro surgen numerosas casas de lujo como la de Bruno Zaldo, junto al Casón, proyectada por Adaro en 1901, o la de Ramón Godó en Montalbán nº 5, diseñada por López Sallaberry. También los Oriol construirán su residencia, con un arquitecto de la familia, en el paseo de Alfonso XII, contemplando los árboles del Retiro.

En el barrio de Salamanca se proyectarán dos tipos de palacios, unos lindando con la calle y jardines traseros, y otros ocupando manzanas completas, con la edificación retranqueada y rodeada de elementos vegetales. Entre los primeros destacaremos el palacio de Julio Castañedo, en Velázquez nº 63, proyectado en 1908 por Gómez Acebo y muy cuidado por la Caja de Barcelona, que lo ocupa en la actualidad. Ente los palacios de manzana completa elegiremos el de la Embajada italiana, proyectado por Joaquín Rojí para el Marqués de Aboage.

La propiedad vertical y las casas de alquiler

Construir un edificio de casa de alquiler se convirtió en una inversión segura. Había una considerable demanda de viviendas pero, al no existir todavía la propiedad horizontal, el alquiler era el único camino para acceder a ellas.

La aristocracia terrateniente invirtió los beneficios de sus propiedades agrícolas en bellas construcciones, que, con su ostentosa decoración, conseguían atraer a la nueva burguesía. De esta forma Madrid se dividió entre los denominados "caseros", que ostentaban la propiedad inmobiliaria, y que eran muy pocos, y los miles de alquilados y realquilados que solucionaban como podían el problema de encontrar un hogar.

Sin duda la más bella casa de alquiler se encuentra frente a la puerta del Hotel Palace, en la Plaza de las Cortes nº 8 , esquina a duque de Medinaceli. La proyectó en 1911 Joaquín Rojí para el Marqués de Amboage y resume la imagen parisina que Madrid deseaba imitar, huyendo de las típicas fachadas de ladrillo y balcones rectangulares, reproducidas cientos de veces en nuestro siglo XIX. El exterior de las viviendas era tan importante, para el prestigio social, como la calidad de la ropa o el brillo de las joyas que las señoras exhibían en las fiestas.

También las grandes compañías de Seguros, como La Unión el y el Fénix, La Estrella, y La Adriática invirtieron en edificios de viviendas de alquiler, sobre todo en la Gran Vía. El más representativo es, sin duda, el llamado actualmente Metrópolis, financiado por la Unión y el Fénix en 1905, en el punto de encuentro entre las calles de Alcalá y Caballero de Gracia. La obsesión por todo lo francés llegaría tan lejos que los

Páginas 8 y 9: dibujo del arquitecto José López Sallaberry con su propuesta definitiva para la Gran Vía, en 1907.

7

WHITEHEAD MORRIS & C°L° PRINTERS LONDON,
GOVERNMENT CONTRACTORS.

Al Señor Dn. Martín A. Silber

José Lopez Sallaberry

proyectos más importantes de principios de siglo vendrían del vecino país. Si este edificio salió de la mano de los arquitectos Jules y Raymond Février, recordemos que otros compatriotas suyos proyectarían el Hotel Ritz, el Palace y el Casino.

Edificios para la enseñanza

Los jesuitas construyeron el ICAI en Alberto Aguilera, con proyecto de Enrique Fort, firmado en 1903. Esta institución conserva todavía su enorme prestigio, tras casi un siglo de funcionamiento, interrumpido tan sólo en los años de la Guerra Civil. Sus títulos universitarios han sido siempre más valiosos que los concedidos por la Universidad estatal.

La España progresista tuvo uno de sus privilegiados escenarios en la Residencia de Estudiantes, construida por el arquitecto Antonio Flórez Urdapilleta en 1911, en los Altos del Hipódromo. Aquí vivieron sus mejores días de juventud artistas tan apasionantes como Dalí o Lorca. De este foco inicial iría creciendo el conjunto formado por el Ramiro de Maeztu y el Consejo Superior de Investigaciones Científicas. Todos los colegios religiosos, como el de La Salle, de Guzmán el Bueno, nº 32, se construyeron en ladrillo neomudéjar, el estilo triste y monocromo que las órdenes religiosas deseaban para contrarrestar la frivolidad exuberante de la arquitectura afrancesada de los casinos y palacetes.

Los arquitectos y el estilo

Tres arquitectos cumplen el papel de enlace entre los siglos XIX y XX: Eduardo Adaro, Fernando Arbós y José Grases Riera. Adaro había construido el Banco de España, Arbós, el Panteón de Hombres Ilustres y la Basílica de Atocha, y Grases Riera, La Equitativa

de Alcalá esquina Sevilla. Entre éstos, tan sólo Grases Riera supo aprovechar las imágenes modernistas, en su Teatro Lírico o el Palacio Longoria.

Entre las nuevas figuras que comienzan su carrera con el siglo destaca Antonio Palacios, por haber creado un estilo propio, que utilizaba órdenes gigantes en fachadas de cristal y acentos renacentistas en los detalles decorativos. Otro gran arquitecto, sobrio y eficaz, fue José López Sallaberry, autor del proyecto definitivo de la Gran Vía y de edificios tan importantes como la sede del periódico ABC en la calle Serrano. Eduardo Reynals iniciaría su carrera con una espléndida obra: la casa modernista del ingeniero Pérez Villaamil en la plaza del Matute. Luego perdería el rumbo estilístico y nos ofrecería un variado cóctel en la Gran Vía, donde construiría el Hotel Roma y los números 7, 12 y 14. Los arquitectos de más éxito entre la aristocracia fueron Joaquín Rojí, del que podemos escoger el palacio Amboage (Embajada de Italia) y Joaquín Saldaña, quien levantó decenas de palacetes en el barrio de Salamanca, de los que muchos se conservan, como el de los March, junto a la Fundación del mismo nombre. Saldaña y Rojí se inspiraron en París, con sus mansardas y torreones de cubierta, adornando las fachadas con todo tipo de elementos clasicistas, fabricados en piedra artificial.

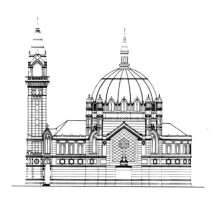

OTROS EDIFICIOS DE INTERES

Viviendas en San Bernardo, 67
Arq.: José Antonio Agreda, 1926.

Viviendas en Señores de Luzón.
Arq.: Manuel Alvarez Naya, 1907.

Viviendas en Glorieta de Bilbao, 8.
Arq.: Teodoro Anasagasti, 1917.

Teatro Monumental
Arq.: Teodoro Anasagasti, 1920.
Sit.: Antón Martín.

Cine Pavón.
Arq.: Teodoro Anasagasti, 1923.
Sit.: Embajadores.

Colegio El Pilar
Arq.: Manuel Anibal Alvarez, 1910.
Sit.: Príncipe de Vergara, 41.

Edificio ABC en Castellana
Arq.: Anibal González, 1926.

Viviendas en Gran Vía, 33.
Arq.: Pablo Aranda, 1922.

Banco Urquijo
Arq.: Ricardo Bastida, 1920.
Sit.: Alcalá, 47.

Hotel Internacional
Arq.: Mariano Belmás, 1908.
Sit.: Arenal, 19.

Viviendas en Almagro, 2
Arq.: Luis Bellido, 1900.

Matadero Municipal
Arq.: Luis Bellido, 1908
Sit.: Paseo de la Chopera, 2

Casa dos Portugueses
Arq.: Luis Bellido, 1919.
Sit.: Peligros, 13.

Escuela de Cerámica de Moncloa.
Arq.: Luis Bellido, 1920.
Sit.: Parque del Oeste.

Iglesia del Cristo de la Salud.
Arq.: Luis M.ª Cabello Lapiedra, 1914.
Sit.: Ayala, 12.

Semanario Nuevo Mundo.
Arq.: Jesús Carrasco y Encina, 1906.
Sit.: Larra, 14.

Jesús de Medinaceli.
Arq.: Jesús Carrasco Muñoz, 1918.
Sit.: Plaza de Jesús, 1.

Mercado de San Miguel.
Arq.: Alfonso Dubé, 1912.

Colegio La Salle
Arq.: Luis Esteve y Enrique Fort, 1905.
Sit.: Guzmán el Bueno, 32.

Edificio Tapicerías Gancedo.
Arq.: José Espelius, 1904.
Sit.: Velázquez, 21.

Teatro Reina Victoria.
Arq.: José Espelius, 1915.
Sit.: Carrera de San Jerónimo.

Plaza de Toros de Las Ventas.
Arq.: José Espelius, 1919.

Instituto Católico.
Arq.: Enrique Fort, 1903.
Sit.: Alberto Aguilera, 25.

Gran Peña.
Arq.: Eduardo Gambra, 1914.
Sit.: Gran Vía, 2.

Cementerio de la Almudena
Arq.: Fernando Arbós, 1905
Francisco García Nava, 1920.

Iglesia de la Buena Dicha.
Arq.: Francisco García Nava, 1916.
Sit.: Silva, 25.

Viviendas en Gran Vía, 11.
Arq.: Cesáreo Iradier, 1915.

Viviendas en Plaza de Las Cortes, 9.
Arq.: Cesáreo Iradier, 1918.

Viviendas en Espalter, 9 y 11.
Arq.: Joaquín Juncosa, 1929

Hotel Gran Vía.
Arq.: Modesto López Otero, 1919.
Sit.: Gran Vía, 25.

Hotel Nacional.
Arq.: Modesto López Otero, 1920.
Sit.: Glorieta de Atocha.

Instituto Geológico y Minero
Arq.: Francisco Javier de Luque, 1925.
Sit.: Ríos Rosas, 23.

Ministerio de Educación.
Arq.: Francisco Javier de Luque, 1925.

Viviendas en Almagro, 38.
Arq.: Augusto Martínez de Abaria, 1912.

Embajada de México.
Arq.: José M.ª Mendoza y Ussía, 1906.
Sit.: María de Molina, 9.

Consejo Supremo de Justicia Militar.
Arq.: José M.ª Mendoza y Ussía, 1912.
Sit.: Castellana, 14.

Casa Romanones.
Arq.: Manuel Medrano, 1905.
Sit.: Marqués de Villamejor, 4.

Viviendas en Mayor, 3.
Arq.: Manuel Medrano, 1906.

Viviendas en Gran Vía, 5.
Arq.: José Monasterio Arrillaga, 1914.

Casa del Párroco de San José.
Arq.: Juan Moya, 1910.
Sit.: Alcalá, 41.

Fábrica Osram.
Arq.: Alberto del Palacio, 1914.
Sit.:Sta. M.ª de la Cabeza, 46.

Viviendas en Sagasta, 23.
Arq.: Antonio Palacios, 1912.

Consejo Superior de Arquitectos.
Arq.: Antonio Palacios, 1919.
Sit.: Castellana, 10 y 12.

Viviendas en Cava de San Miguel.
Arq.: Vicente Roca Carbonell, 1905.

Viviendas en Plaza Conde de Barajas, 6.
Arq.: Valentín Roca Carbonell, 1911.

Museo Sorolla.
Arq.: Enrique M.ª Repullés, 1910.
Sit.: Martínez Campos, 37.

Viviendas en la calle de la Lechuga.
Arq.: Eduardo Reynals,
Isaac Rodríguez Avial, 1907.
Sit.: Salvador esquina Lechuga.

Viviendas en Gran Vía, 12 y 14.
Arq.: Eduardo Reynals, 1913.

Viviendas en Gran Vía, 7.
Arq.: Eduardo Reynals, 1915.

Embajada de Italia.
Arq.: Joaquín Rojí, 1912.

Hotel Savoy.
Arq.: Luis Sáinz de los Terreros, 1921.
Sit.: Plaza Platerías de Martínez.

La Adriática.
Arq.: Luis Sainz de los Terreros, 1926.
Sit.: Gran Vía, 39.

Palacete del Marqués de Linares.
Arq.: José López Sallaberry, 1908.
Sit.: Fernando el Santo, 23.

Viviendas en Ferraz, 78.
Arq.: José López Sallaberry, 1915.

Viviendas en Montalbán, 3.
Arq.: José López Sallaberry, 1912.

Palacio March.
Arq.: Joaquín Saldaña, 1902.
Sit.: Ortega y Gasset, 31.

Instituto Internacional.
Arq.: Joaquín Saldaña, 1904.
Sit.: Miguel Angel, 8.

Palacio de la Condesa de Adanero.
Arq.: Joaquín Saldaña, 1911.
Sit.: Santa Engracia, 7.

Liceo Italiano.
Arq.: Joaquín Saldaña, 1911.
Sit.: Cristóbal Bordiú.

Casa-Palacio del Duque de Sueca.
Arq.: José Urioste, 1904.
Sit.: Barquillo, 8.

1
Real Compañía Asturiana de Minas

Arquitecto:
Manuel Martínez Angel 1910
Situación:
Plaza de España-Bailén

La calle Bailén se había ensanchado a finales del XIX para convertirse en una de las vías claves de la circulación rodada. Destruidos los muros de un viejo cuartel, se creaba la Plaza de España, como pieza clave del esquema Gran Vía-Princesa, que intentaba dotar a Madrid de un eje este-oeste, perpendicular a la Castellana.

El autor de la Real Compañía Asturiana de Minas no podía suponer que las Caballerizas Reales, en la acera de enfrente de la misma calle de Bailén, iban a desaparecer pocos años después, durante la Segunda República, para dar paso a los jardines de Sabatini, diseñados por García Mercadal. Este cambio significaría una mayor perspectiva y la posibilidad de convertirse en uno de los iconos más reconocibles de nuestra ciudad.

Martínez Angel acometió el proyecto con gran habilidad, creando un cuerpo de oficinas en fachada y una nave industrial, de bellísima estructura metálica, en la parte trasera del solar. La leve convexidad de la calle le permitía acentuar el punto de inflexión con una torre que asumiera el protagonismo, convirtiéndose en una de las piezas arquitectónicas más bellas de Madrid. Si vamos subiendo la mirada desde la puerta de entrada hacia la cúpula, comenzamos a entender el lenguaje empleado por Martínez Angel. Los miradores de hierro y cristal aluden al espectáculo de la vida ciudadana y son los palcos privilegiados para contemplarla. El balcón, sobre los miradores, es la referencia inevitable a la arquitectura palaciega, al lugar simbólico desde el que saluda el poderoso a sus súbditos. El *motivo palladiano*, con su arco central y sus dos huecos adintelados en los flancos, acentúa la primordial importancia de este punto focal del proyecto. La cúpula se sobreeleva, apoyándola en una franja de iluminación que actúa a modo de linterna. La luz es atrapada en una red de pequeños pilares y convertida en parte esencial del edificio.

Viviendas en Alonso Martínez

Arquitecto:
Luis de Landecho, 1900
Situación:
Sagasta 31, Alonso Martínez.

Hace tan sólo un siglo, la glorieta de Alonso Martínez era un espacio fuera de la muralla. Por allí se entraba a Madrid, cruzando la Puerta de Santa Bárbara. En los terrenos de este edificio de viviendas existió una de las más importantes fábricas de Tapices de la historia del Arte, en la que Antonio Rafael Mengs descubrió el genio de Francisco de Goya.

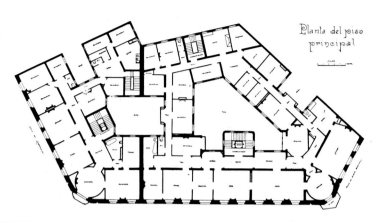

Planta del piso principal

Aunque sólo fuera por las razones señaladas merecería conocerse este edificio, en el que Luis de Landecho sintetizó todos los estilos arquitectónicos que flotaban en el ambiente de *fin de siglo*. Había que adecuar el volumen al nuevo concepto urbano de glorieta con bulevar, articulando ambos con torres de base octogonal. Estas torres, que nos traen recuerdos de la Edad Media, sirven para que el paseante visualice los ambientes de una gran plaza y un cuidado paseo. Así, el bulevar era el primer anillo de circunvalación de nuestra historia, utilizando el terreno ocupado anteriormente por el muro de cierre del viejo Madrid.

A punto de llegar el modernismo a nuestra ciudad, Landecho planteó el proyecto con parámetros típicos del XIX, como los machones de ladrillo entre balcones, los miradores superpuestos y la repetición monótona de series numéricas entre zonas huecas y macizas.

La cúpula que corona el torreón de esquina, con forma de sombrero, dará lugar, en los años siguientes, a rebuscadas siluetas sacadas de los manuales franceses. La sinceridad de la fábrica de ladrillo y las impostas de piedra será olvidada en aras de alegres superficies de estuco.

Seminario Conciliar

Arquitecto:
Miguel de Olabarría, 1900
Situación:
San Buenaventura, 9

Cuando los árabes se instalaron en Madrid, buscando una avanzadilla para defender Toledo de los cristianos, se plantaron las huertas que, durante siglos, dieron sus frutos en estas laderas que descienden hacia el Manzanares. La abundante agua subterránea bajo la actual Plaza de Oriente les había llevado a emplazar el Alcázar donde ahora está el Palacio Real. Madrid fue creciendo, y los terrenos del Seminario llegaron a ser los jardines barrocos de la poderosa familia de los duques de Osuna.
Cuando a comienzos del siglo XX se decide la construcción de un gran Seminario, aprovechando este magnífico emplazamiento, se elige a un arquitecto muy ligado con la Iglesia, Miguel de Olabarría, que había pertenecido al taller del Marqués de Cubas en las obras de la cripta de la

Almudena y la iglesia de la Santa Cruz, en la calle Atocha.
El estilo arquitectónico más utilizado para la arquitectura de la fe era el neo-mudejar, que huía del afrancesamiento de la arquitectura civil, con fachadas exclusivamente de ladrillo, levantadas por albañiles que rememoraban el artesano trabajo de los moros que permanecieron en España tras la Reconquista. Gracias a esta coincidencia entre el origen árabe de estas huertas y las técnicas constructivas de su arquitectura, el Seminario

forma parte imprescindible del paisaje madrileño en su inigualable cornisa sobre el río Manzanares.
Olabarría organizó un rectángulo con dos patios, cerrado como una antigua fortaleza, con sus torres de esquina y un dibujo de cornisas que nos sugiere la silueta almenada de sus defensas.
Tras el fallecimiento de Olabarría continuarían las obras Ricardo García Guereta y Juan Moya, el autor de la famosa *Casa del cura* junto a San José, en la calle de Alcalá.

A la derecha: Vista del Seminario desde los jardines de la Cuesta de la Vega.

4
Palacio Longoria

Arquitecto:
José Grases Riera, 1902
Situación:
Fernando VI, 6.

Grases Riera había alcanzado su cénit como arquitecto. Acababa de ganar el concurso para el Monumento a Alfonso XII en el Retiro y recibía el encargo del palacio de Javier González Longoria, con absoluta libertad para el diseño. Como buen catalán, Grases tenía una especial sensibilidad por las formas sinuosas, la cerámica esmaltada y la escultura figurativa. Recordemos los magníficos elefantes que soportan las cornisas en sus edificios de La Equitativa (Banesto) y el Testro Lírico (Liceo Francés).

Para él, la corriente modernista significaba la culminación de los movimientos decimonónicos, que propugnaban una síntesis entre todas las artes y un regreso a una mitificada Edad Media, cuando escultores, pintores y artesanos trabajaban unidos con los arquitectos.

La esencia del *modernismo* era la continuidad espacial. Como una serpentina que vuela por el aire, las molduras modernistas intentan superar la fuerza de la gravedad, para recorrer de mil formas distintas el espacio del proyecto. Al desaparecer las líneas rectas, la arquitectura busca el parecido con el mundo vegetal, con tallos, hojas y flores que deben sustituir a ventanas, puertas y balcones.

Conociendo la originalidad de lo que estaba haciendo, Grases encontró necesario retranquear el palacio del borde de la calle, creando un estrecho patio perimetral que permitiera respirar al muro con su propio oxígeno. La magnífica reja de forja actuaría como un filtro visual, a modo de pantalla que define el plano frontera entre la ciudad y el palacio.

Aprovechando la esquina, Grases levantará su torreón cilíndrico, como ya lo había hecho antes frente a la Puerta de Alcalá, en el nº 1 de la calle Serrano. En ambos proyectos prescinde de la cúpula que hubieran usado todos sus compañeros, potenciando, de forma radicalmente moderna, la presencia matérica del muro frente a la ligereza de los perfiles de cubierta.

La entrada al palacio, penetrando en el cilindro de esquina por varios lados, es una de las experiencias arquitectónicas más inquietantes.

Págs 18 y 19: escalera principal.

5
Casa-Palacio de Bruno Zaldo

Arquitecto:
Eduardo Adaro, 1901
Situación:
Alfonso XII, 26, Felipe IV, 10.

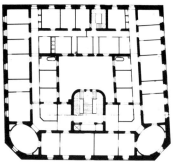

En 1882, Adaro, que tenía 34 años, había conseguido vencer en el concurso para el Banco de España, en Cibeles. Durante una década las obras de este imponente edificio absorbieron todos sus esfuerzos. No había tiempo para dedicarse a encontrar una nueva clientela. Con el Banco terminado, Adaro siguió trabajando para la entidad en reformas y mantenimiento, realizando algunos proyectos particulares de viviendas como la casa-palacio de Torre Almirante en el nº 27 de la calle Sagasta, esquina a Manuel Silvela nº 2, fechada en 1893. La arquitectura que planteaba Adaro era una continuación del mejor clasicismo del XIX. Las viviendas del

Ensanche levantaban sus fachadas con muros de ladrillo visto que dejaban franjas verticales de balcones, decorados con molduras más o menos ricas según la capacidad monetaria del propietario. La innovación de Adaro consistía en el empleo de frontones curvos y triangulares que daban una gran fuerza a la composición de conjunto. En 1901, Bruno Zaldo, decidió encargar a Adaro su casa-palacio en uno de los más envidiados solares del barrio del Buen Retiro, con fachadas al Casón, a los jardines y al viejo Salón de Reinos. Zaldo ya poseía en la zona, desde 1887, el edificio de viviendas de Felipe IV nº 5, esquina Ruiz de Alarcón 13, proyectado por José Asensio Verdaguer y terminado por Adaro en su característico estilo.
La casa-palacio de Bruno Zaldo es el canto del cisne de

la arquitectura decimonónica. Despreciada por el naciente modernismo, que buscaba una mayor sensualidad de los espacios y superficies, la forma de trabajar de Adaro permanece como un ejercicio de sobriedad, utilizando ladrillo sin llaga, piedra artificial para las embocaduras de huecos, frontones y cornisas, y elegante rejería para los balcones.
Adaro concentra los motivos decorativos en la línea de coronación, que dibuja la silueta del palacio.

Fachada principal.

6
Casino

Arquitectos:
Farge y Luis Esteve, 1903-1910.
Situación:
Alcalá, 15.

La fundación del Casino de Madrid, se remonta a 1836, año en que 56 socios decidieron abandonar las virulentas discusiones de los cafés, como el del Príncipe, junto al Teatro Español.

Tras diversos traslados, se escoge el solar de Alcalá, 15 en el año 1899 y se convoca un concurso internacional al que se presentarían los mejores arquitectos franceses y españoles de principios de siglo.

De entre todos los proyectos, el que más gustó al jurado fue el de Tronchet, arquitecto que había triunfado en la Exposición de París con su pabellón conocido como la *Bélle meuniére*, en el Trocadero. Sin embargo, los españoles protestaron, basándose en la imagen tópica de España que las guitarras y panderetas de los bajorrelieves de Tronchet representaban.

Por fin, el jurado decidió comprar los proyectos de Jesús Carrasco, Martínez Angel, Tronchet, Farge, Gómez Acebo y Palacios. Los Farge, padre e hijo, publicaban en París una bella colección de grabados con el nombre de *Recueil d'Architecture* y fueron elegidos para refundir las mejores ideas de todos los proyectos, aunque por razones burocráticas sería Luis Esteve quien firmaría los planos, tal como lo había hecho con el edificio Metrópolis, en el encuentro de las calles Alcalá y Gran Vía.

La construcción del Casino contó con la dirección de López Sallaberry, uno de los más brillantes arquitectos de la época, a quien se deben las brillantes soluciones de entrada, escalera de honor y salón de baile.

La fachada del Casino es difícil de asimilar por su renuncia a la simetría y la colocación de la entrada en uno de los laterales. Siempre hemos entendido la arquitectura anterior al "Movimiento Moderno" como simétrica y con la entrada en el eje de la fachada. Esta audacia tipológica es muy arriesgada en un edificio entre medianeras, pues su inestable equilibrio depende de las construcciones contiguas, y éstas suelen tener sus propias reglas compositivas. El largo balcón corrido de la planta noble oculta el nacimiento de las columnas que soportan los arcos, olvidando soluciones tan brillantes como la barandilla del Museo del Prado, que discurre por detrás de las columnas, dejando en todo su esplendor los órdenes arquitectónicos.

A pesar de tantos adornos, la fachada es plana, carente del movimiento que posee la bellísima escalera interior. La decoración del Casino es lo mejor del edificio, con pinturas de Cecilio Plá, Emilio Sala, Romero de Torres, Alvarez de Sotomayor y Manuel Benedito. Las vidrieras son de Maumejan y el mobiliario de Víctor Laborde.

Arquitecto:
José Grases Riera, 1901
Situación:
Estanque del Retiro.

El rey Alfonso XII había fallecido de tuberculosis en El Pardo sin haber llegado a conocer a su propio hijo, Alfonso, ya que la reina María Cristina hacía pocas semanas que había quedado embarazada. Quince años después, cuando el nuevo siglo acababa de amanecer, los madrileños decidieron levantar un gran monumento a aquel monarca de vida romántica, que había conseguido terminar con las guerras civiles del siglo XIX, entre carlistas e isabelinos.

El arquitecto José Grases Riera, uno de tantos catalanes que han dado a Madrid lo mejor de su arte, ganó el disputado concurso, al que se habían presentado los mejores arquitectos de la época.

Grases había construido en 1882 el edificio de La Equitativa, en la confluencia de Alcalá y Sevilla, una de las indudables obras maestras de nuestra arquitectura.

El Monumento estaba pensado como un escenario teatral en el que las esculturas serían simbólicos personajes de la vida de Alfonso XII y los remeros que navegan por el estanque, los siempre cambiantes espectadores.

En este teatro de piedra y metal fundido, el protagonista sería el rey, que montado sobre un hermoso caballo, parece iniciar un triunfal paseo hacia el centro de su capital. Mariano Benlliure había conseguido, una vez más, modelar la superficie del bronce hasta alcanzar la forma necesaria para que la magia transforme en realidad los sueños del artista.

Y para completar el elenco de actores, soldados, marineros, musas, leones y sirenas irían ocupando sus posiciones, rodeando al monarca y acompañando a los atrevidos espectadores que invaden el escenario para leer cuentos o tomar el sol en el magnífico banco semicircular que discurre bajo la columnata.

Entre los escultores que intervinieron en la imaginería del monumento destaca José Clará, alumno de Rodin, que nos dejó una de sus expresivas obras en la mujer que representa el mundo de *la Industria*. Alcoverro esculpió *La Agricultura*, José Montserrat, *El Ejército*, Mateo Inurria, *La Marina*, José Bilbao, *Las Artes*, y Manuel Feixóo, *Las Ciencias*. En el cuerpo central Blay dio forma al tema de *La Paz*, Carbonell, *El Progreso* y Coullaut Valera, *La Libertad*.

Arquitecto:
Fernando Arbós y Tremantí, 1902
Situación:
Alcalá, 83.

Fernando Arbós había nacido en Roma en el año 1840 y conocía perfectamente la arquitectura italiana de finales del XIX, con su predilección por el estilo bizantino en la construcción de edificios religiosos.

Ya había trabajado en esta línea estilística cuando ganó el concurso para el Panteón de Hombres Ilustres, junto a la Basílica de Atocha, iniciado en 1890 y nunca terminado en su totalidad.

Arbós era muy respetado entre sus compañeros de profesión desde que terminó el Monte de Piedad frente a las Descalzas Reales, demostrando cómo se podía utilizar un lenguaje neo-medieval para estructurar la fachada de un proyecto, con un interior absolutamente moderno, alrededor de un patio cubierto de cristal que continúa siendo uno de los espacios mágicos del Madrid histórico.

El encargo de San Manuel y San Benito le fue realizado por don Manuel Carrigioli y su esposa doña Benita Maurici como una Fundación benéfica que intentaba paliar las dificultades de los trabajadores necesitados. Esta iniciativa se enmarcaba en un movimiento social de cierta aristocracia del dinero que emprendía una labor olvidada por las Instituciones del Estado.

El proyecto de Arbós es muy original en todos sus aspectos. Desde su situación en diagonal sobre el terreno hasta la elección de un solo campanile que pudiese ser visualizado a larga distancia. El edificio se fue desarrollando ante los ojos de sus contemporáneos, provocando primero el asombro y después la admiración. La calidad constructiva que se alcanzó en este proyecto es difícilmente repetible. Arbós supo introducir el color en su arquitectura, mediante piedras de diversas tonalidades y cubiertas rojizas de cobre, que permitían una síntesis entre forma y calidades cromáticas.

Casa para la Marquesa de Villamejor

Arquitecto:
Manuel Medrano, 1903
Situación:
Maestro Victoria, 3.

Nuestros compañeros, los aparejadores, tienen la fortuna de acudir con frecuencia a este formidable edificio, uno de los mejor construidos de Madrid, por estar aquí ubicado su Colegio profesional. El arquitecto Manuel Medrano acababa de construir en la misma acera, un poco más arriba, el palacio de la Marquesa de Villamejor, con fachada modernista de la que únicamente se ha respetado la embocadura de la puerta principal.

Vistas las dificultades para construir una casa modernista, decidió Medrano cambiar de estilo y volver a la ordenación clásica de las fachadas. Utilizó el tres como número mágico para acercarse a la belleza. Tres fueron las columnas de miradores que subrayaron los extremos y la entrada central de la fachada larga. A su vez, cada lienzo de fachada fue perforado por tres balcones, en cada una de las tres plantas.

En esas fechas de principios de siglo no se había impuesto aún la moda francesa de mansardas y cúpulas ostentosas de esquina. Las cubiertas eran muy sencillas, como lo habían sido a lo largo del siglo XIX, y tan sólo la cornisa, con un cuidado dibujo, era la responsable de definir la terminación superior del edificio.

Para conseguir una obra de calidad sin grandes aspavientos, los arquitectos del 1900 sabían construir como nadie.

Observemos los muros de ladrillo, cuya superficie adquiere categoría de material noble, y comparémoslos con los que se realizan en estos momentos de alta tecnología. El edificio tiene que soportar la presencia de un gigante, en cuyo interior se venden todo tipo de mercancías, que rompe, con su enorme muro ciego, el delicado equilibrio que siglos de historia habían mantenido alrededor de las Descalzas Reales.

A la izquierda: Vista del campanile de San Manuel y San Benito

A la derecha: detalle de la fachada de la casa Villamejor, actual Colegio de Aparejadores.

Arquitecto:
Eduardo Adaro, 1903-1905
Situación:
Plaza de Canalejas, 1

La Plaza de Canalejas, tan cercana a la Puerta del Sol, iba a cambiar de fisonomía con el comienzo del siglo. Los grandes Bancos buscaban solares en la calle Alcalá y en la Carrera de San Jerónimo. Existía ya el edificio de La Equitativa, del arquitecto Grases Riera, ocupado posteriormente por el Banco Español de Crédito. Correspondía a Eduardo Adaro proyectar la sede central del Hispano Americano con la soltura de un especialista, ya que su Banco de

España de Cibeles había sido reconocido por todos como una obra maestra.

Adaro, sin embargo, no sería capaz de alcanzar en este trabajo un gran nivel de composición, limitándose a repetir fórmulas anteriores, como la división de la fachada a base de pilastras o la utilización de un amplísimo catálogo de molduras, que pierden fuerza por la ausencia de espacios neutros y de una ordenación jerárquica.

Tras esta obra, que sería la última en la vida de Adaro, la Plaza de Canalejas se iría formando con el edificio Meneses de Mendoza y Ussía, de 1914, y la Casa Allende (Credit Lyonnais) de Rucabado, en 1916. Una utilización mucho

más libre de columnas, torreones y miradores, sustituiría al sobrio hacer de Eduardo Adaro, anclado en la tradición del siglo XIX, con una escala de ciudad mucho más reducida, adecuada, sin embargo, a una burguesía de limitadas ambiciones estéticas y economicas.

En esta página: dibujo original de Eduardo Adaro representando la fachada principal a las Cuatro Calles.

En la página derecha: detalle de la fachada desde la calle del Príncipe

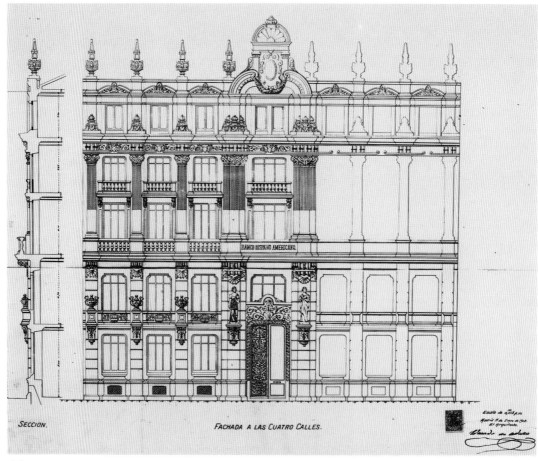

SECCION.   FACHADA A LAS CUATRO CALLES.

11
Palacio de Comunicaciones

Arquitecto:
Antonio Palacios Ramilo, 1904.
Situación:
Glorieta de Cibeles

Con esta obra descubrieron los madrileños a un arquitecto que sería, sin lugar a dudas, la figura de las primeras décadas del siglo. Antonio Palacios fue el único de su generación que supo crear un estilo propio, que se puede resumir como una mezcla de la arquitectura norteamericana de carácter

monumental con fragmentos españoles, tomados del gótico flamígero y del renacimiento. En Nueva York y Chicago se estaban realizando a comienzos de siglo unos edificios con enormes columnas, adelantadas hacia la calle, que estructuraban fachadas cada vez más grandes. En París, los alumnos de la *Ecole des Beaux Arts* trabajaban sus proyectos con acuarelas y maquetas de escayola que permitían miles de matices en volúmenes y detalles decorativos.
En España se había utilizado el estilo *Monterrey* desde mediado el siglo XIX, con profusión de pequeños arcos y columnas enmarcando los huecos de fachada.
Palacios refundió todo lo anterior en un estilo propio. De los franceses tomaría la composición por medio de unidades volumétricas, de los norteamericanos la monumentalidad y de sus maestros españoles, los detalles decorativos.
Su obsesión, como la de tantos arquitectos en el nacimiento del siglo, era construir un faro que iluminase la ciudad desde una posición muy elevada. En Correos el faro es el reloj que ordena el tiempo de los ciudadanos y que por la noche se ilumina como una nueva estrella del firmamento urbano.
La fachada a Cibeles, con suave forma cóncava, abraza a los paseantes e insinúa la forma elipsoidal de la glorieta, apoyada por el perfil del jardín que desciende del Palacio de Buenavista.
El Palacio de Comunicaciones parece enorme sin serlo en realidad. Su carácter monumental proviene de la composición ascendente desde unas esquinas con tan sólo tres cuerpos hacia una torre central que duplica su altura. El edificio, consciente de su privilegiada situación, huye de una postura estática y frontal para formar un conjunto de piezas que siempre se equilibra, sea cual sea nuestro punto de vista.
Palacios, al ganar este concurso y demostrar su talento para las grandes escenografías urbanas, inició una deslumbrante carrera, interrumpida lamentablemente por la Guerra Civil. Tan sólo en esta misma calle de Alcalá levantaría la Casa Palazuelo, el Banco del Río de la Plata (hoy Central), el Círculo de Bellas Artes y el Banco Hispano-Industrial.

Arquitecto:
José Urioste, 1904
Situación:
Carrera de San Jerónimo, 5

Urioste trabajaba en el Ayuntamiento. Formaba parte de aquel equipo formidable que dirigía Luis Bellido y que sería responsable de la puesta en marcha de la Gran Vía, de la consolidación del Ensanche y de la belleza inigualable del Buen Retiro, con su nuevo templete de música y los pintorescos pabellones de las Exposiciones provisionales.

José Urioste y Velada había recibido el encargo de diseñar las nuevas puertas y verjas de los jardines del Buen Retiro, para ocultar la cicatriz que significaba la calle Alfonso XII, abierta en el corazón del antiguo jardín.

Luego vendrían encargos particulares como las viviendas de Cervantes n.º 34. Bárbara de Braganza n.º 8, Leganitos n.º 10, o Factor n.º 5 y 7, rehabilitadas recientemente por Miguel de Oriol.

El éxito de Urioste en estas obras de reducida escala fue tal que pronto pudo construir junto a la calle Serrano, en Columela n.º 3, y en la calle Ferraz, donde proyectaría el n.º 5.

El popular Cine Carretas surgió como una reutilización de una galería comercial que no daba los suficientes beneficios. Urioste sería uno de los arquitectos que firmarían las obras. En la cumbre de su profesión, hacia el año 1903, levantaría la esquina cóncava de la plaza de Santa Bárbara que servía de nacimiento al paseo de Santa Engracia. Al lado tenía las viviendas del arquitecto Luis de Landecho, una de las obras de enlace entre los siglos XIX y XX. Urioste se decantaría decididamente por el eclecticismo clasicista.

Un año más tarde, en 1904, el famoso banco francés "Credit Lyonnais" eligió, para su sede madrileña, un solar contiguo al Banco Hispano Americano, con fachadas tanto a la Carrera de San Jerónimo como a la calle de Alcalá. El Hispano estaba en plena fase de construcción y su arquitecto, Eduardo Adaro, lo había sido del Banco de España.

Arquitecto:
José López Sallaberry, 1905
Situación:
Castellana, 45

La historia de la ciudad puede leerse en cada calle, en cada plaza. Junto a nuevos proyectos, recién estrenados, viven otros más viejos, testimonio de lo que soñaron nuestros antepasados. Si la arquitectura es una expresión formal y simbólica de una sociedad, la ciudad es una sucesión de arquitecturas en el tiempo.

Cuando Sallaberry proyectó este palacete para la familia Adcoh no podía prever el futuro. La reducida escala de su creación se ve ahora aplastada por los enormes planos de cristal que cierran los nuevos edificios de oficinas.

Como en una novela de ' misterio, el palacete se va cubriendo de hiedra hasta presentar el aspecto de una antigua ruina abandonada.

La agitada actividad de los carruajes aristocráticos ha sido transformada en un sobrecogedor silencio.

Sallaberry trabajaba en varias líneas estilísticas a la vez. Si para el edificio "Blanco y Negro" investigaba en las fuentes renacentistas andaluzas, y en el Casino desarrollaba un universo modernista, en este palacete de la Castellana enfocaba su imagen hacia el estilo denominado "Monterrey", cuyo nombre venía del famoso palacio que los duques de Alba poseen en Salamanca, y cuya característica formal más acusada era el torreón, con pequeños arcos calados en lo alto del muro.

Si en la Casa Ruiz de Velasco empleaba Sallaberry la piedra artificial para imitar los bajorrelieves de los miradores renacentistas, en este palacete vuelve a las molduras de estuco sobre fábrica de ladrillo, para crear los encadenados de las esquinas y el resto de temas ornamentales.

A la izquierda: vista de la fachada a la Carrera de San Jerónimo del antiguo Credit Lyonnais y dibujo de la planta original.

En esta página: vista del palacete Adcoh ante las modernas edificaciones de los arquitectos Carvajal y Echevarría.

14
Edificio Metrópolis

Arquitectos:
Jules et Raymond Fevrier, 1905
Situación:
Alcalá, 49.

Se habían iniciado las demoliciones necesarias para la creación de la Gran Vía. Tan sólo las grandes compañías de seguros y algunos ricos aristócratas podían hacer frente a las inversiones precisas para levantar esta ambiciosa escenografía del Madrid de comienzos de siglo. La Unión y el Fénix adquirió este solar triangular, en el encuentro de las calles de Alcalá y Caballero de Gracia, para construir uno de los edificios más característicos de la iconografía madrileña. Tras la convocatoria de un concurso internacional y la victoria de Jules y Raymond Fevrier, quedaba demostrada la primacía de la arquitectura francesa sobre el conjunto de la Europa de su tiempo. En pocos años Madrid comenzó a parecerse a París, al concluirse los hoteles Ritz y Palace, el Casino y este edificio Metrópolis, proyectados todos ellos por los mejores arquitectos del país vecino.

Las consecuencias para Madrid fueron espectaculares pues los nuevos proyectos tendrían que superar estas magníficas composiciones, incorporando una gran riqueza decorativa, con grupos escultóricos, ordenación clasicista y elegantes cúpulas de cobre, pizarra y plomo.

La escultura de la *Victoria alada*, obra de Federico Coullaut Valera, sustituyó a la del ave Fénix en 1975, al cambiar la propiedad de la edificación.

El arquitecto Luis Esteve, que había firmado también el proyecto del Casino, se hizo cargo de la construcción de esta obra.

A la izquierda: vista del cuerpo cilíndrico del edificio Metrópolis, que articula el espacio urbano entre las calles Alcalá y Caballero de Gracia.

A la derecha: detalle de la cúpula, coronada por la escultura de Coullaut Valera.

15
Casa Pérez Villaamil

Arquitecto:
Eduardo Reynals, 1906
Situación:
Plaza de Matute, 10

Uno de nuestros más grandes pintores del siglo XIX había sido Genaro Pérez Villaamil, un paisajista admirable que había aprendido sus novedosas técnicas y encuadres con el británico David Roberts, apasionado viajero, que encontró en España el marco adecuado para su inspiración romántica.

Un nieto de Genaro Pérez Villaamil, que ejercía la profesión de ingeniero y conservaba el exquisito gusto artístico de su familia, decidió, en 1906, encargar a Eduardo Reynals un pequeño edificio de viviendas en la Plaza del Matute, un recoleto espacio entre las calles de las Huertas y de Atocha. Reynals no era un arquitecto modernista. Como tantos otros en su profesión, empleaba el modernismo según las necesidades del tema y del cliente. Podía proyectar en el mismo año una fachada modernista y otra neo-renacentista o barroca, sin sentir que traicionaba a estos estilos arquitectónicos. En la Casa Pérez Villaamil fue sin duda el propietario quien impulsó al arquitecto para crear un mundo de curvas suaves, asimetrías y formas vegetales que era absolutamente novedoso en el Madrid de la época, si exceptuamos el Palacio Longoria de Grases Riera, que había sido iniciado en 1902 y aún se hallaba en plena fase decorativa.

Influenciado por los proyectos de Víctor Horta en Bruselas, Reynals deseaba utilizar pletinas de hierro, unidas con pequeños roblones, para miradores, balcones y barandillas. Si para Gaudí o Doménech y Muntaner era tan importante el tema de la cubierta, con formas imaginativas, que recordaban a desaparecidos animales prehistóricos, en Madrid no existía un ambiente plástico tan desbordante y Reynals renunció a una expresiva coronación, en aras de una terraza plana que sería utilizada como jardín por los propietarios.

La fachada se organiza con una línea vertical a la izquierda, que comprende la entrada y los miradores acristalados, y tres franjas de balcones corridos, cuyos voladizos se soportan por medio de formas vegetales, que nacen unas veces en los machones estructurales y otras sobre el centro de los huecos.

Los interiores de la Casa Pérez Villaamil se conservan con los muebles que diseñaron y ensamblaron los hermanos Climent, con las vidrieras de la famosa fábrica de Maumejan y los detalles ornamentales del escultor Salvador Llongarín.

Casa Ruiz de Velasco

Arquitecto:
José López Sallaberry, 1906
Situación:
Mayor, 5

La familia Ruiz de Velasco buscaba un arquitecto para embellecer el edificio que poseía en el número 5 de la calle Mayor, con la intención de alquilar las viviendas a la nueva burguesía adinerada. Una fachada atractiva era imprescindible para atraer a inquilinos de buena posición.

Los Ruiz de Velasco se pusieron de acuerdo con el arquitecto Sallaberry, que en esos momentos dirigía las obras del periódico ABC, en la calle de Serrano, y del Banco Hispano Americano en las Cuatro calles, para que realizase el proyecto.

Sallaberry se encontró con un alzado típico del siglo XIX: cuatro plantas y cinco huecos en cada una de ellas, separados por gruesos machones de ladrillo. Lo primero que pensó fue colocar miradores, adelantados al muro, en los lados de la fachada, dejando balcones de hierro en el centro, para aligerar el espacio central de la composición.

Encontrar el estilo decorativo no fue difícil, pues Sallaberry dominaba las imágenes de nuestro renacimiento, que combinaría aquí con las suaves curvas del modernismo catalán.

El problema estructural era conseguir una gran transparencia para la entreplanta, dedicada a escaparate y fuente de luz de la planta comercial. La solución alcanzó gran brillantez, pues los tres arcos centrales, de escasa flecha, descargan el peso del muro en cuatro pilares metálicos, que a través de sus ménsulas soportan el balcón corrido que separa el cuerpo principal del basamento.

En el año 1905 no se empleaban todavía las cubiertas en mansarda, que se impondrían de manera rotunda en los años siguientes. Sallaberry acentuó los lados de la composición elevando escalonadamente el muro de fachada sobre los miradores, adornando la cornisa con molduras de piedra artificial.

A la izquierda: vista de conjunto de la Casa Ruiz de Velasco, proyectada por José López Sallaberry en el momento culminante de su carrera

Arquitecto:
Felipe Mario López Blanco, 1906.
Situación:
Montalbán, 7

Es éste uno de los edificios modernistas de Madrid que ha pasado desapercibido para los historiadores, tan sólo dedicados a repetir que en nuestra ciudad no existió este movimiento artístico, a excepción de la casa Pérez Villaamil y el Palacio Longoria.

Mario López quiso evitar la simetría de las fachadas clasicistas, con una entrada por la izquierda que parece relacionarse peligrosamente con el edificio contiguo. La torremirador no fue colocada ni en un extremo ni en el centro, sino en la segunda columna de huecos, como un fragmento de una composición inestable, que puede desequilibrarse en cualquier momento.

Dando un paso más en su ruptura con la tradición arquitectónica de siglos anteriores, Mario López organiza su fachada con cuatro huecos por planta, cuando todos los arquitectos sabemos que lo fácil y lógico es utilizar números impares como tres, cinco o siete. El hueco de la puerta y los tres restantes parece que quisieran separarse, como dos polos magnéticos del mismo signo.

Los detalles constructivos son de una calidad exquisita, irrepetibles en el momento actual, de absoluta penuria artesana. Los miradores se dibujan con líneas sinuosas de rejería modernista. Los balcones se unen de tres en tres y, cada uno a su vez, se descompone en tres huecos, definidos por bellas pilastras de ladrillo. De la atrevida cornisa nace un ático para un estudio de pintor, materialización de una vivienda de ensueño, desde la que se observa un paisaje urbano de gran belleza, con los jardines del Retiro a naciente y el Salón del Prado hacia poniente.

Este arquitecto proyectaría años más tarde otra de las piezas desconocidas del modernismo madrileño y que aún puede ser salvada de un amenazante deterioro. Se trata de la entrada a la Colonia de la Prensa en la acera izquierda de Eugenia de Montijo, el gran eje que sube desde el Puente de Toledo, sobre el Manzanares, hacia Carabanchel.

A la derecha: detalle del estudio de pintor que Felipe Mario López proyectó para coronación de esta casa-palacio para el Marqués de Morella.

18
Casa Ramón Godó

Arquitecto:
José López Sallaberry, 1908
Situación:
Montalbán, 5

La aristocracia madrileña estaba eufórica. parecía posible un gobierno conservador, dirigido por Antonio Maura, que apoyase, por encima de todo, los movimientos de capital y la creación de riqueza, dejando en un segundo plano los temas sociales.

Maura llevaba tan sólo un año gobernando pero ya los periodistas habían dado el nombre de Gobierno Largo, sin preveer los terribles acontecimientos de 1909 en Barcelona, que con el nombre histórico de *Semana Trágica*, aplastarían cualquier esperanza de un progreso equilibrado y pacífico.

En el intermedio de este bienio conservador se construyeron un gran número de edificios en toda España. Los arquitectos madrileños no podrían creer la cantidad de encargos que llegaban a sus estudios. Los hermanos Mathet recibían el de la Compañía Colonial en Mayor 16 y 18. Joaquín Saldaña, el palacio del Marqués de Portago, en el número 9 de la calle Serrano. Mariano Belmás, el Hotel Internacional en la calle del Arenal. Julio Martínez Zapata, las viviendas de esquina entre Alcalá y Príncipe de Vergara. Luis Bellido, el Matadero Municipal, Antonio Palacios, el Hospital de Jornaleros y la Casa Palazuelo. Luis de Landecho, las obras del Hotel Ritz, proyectado por Mewes.

Sallaberry también vivió la euforia del momento con un encargo de muchas posibilidades formales: la esquina entre Alfonso XI y Montalbán para edificar unas viviendas de alquiler, propiedad de don Ramón Godó. El reto era apasionante pues tanto en la acera de Alfonso XI, con la Casa Palazuelo, como en la de Montalbán, con el Palacio de Comunicaciones, estaba trabajando Antonio Palacios, la figura indiscutible de la época. Sallaberry deseaba llegar a una solución original en el tema de la esquina. Si los demás compañeros acudían a la verticalidad de una torre, rematada por espigada cúpula, él investigaba las posibilidades de un chaflán muy extenso, con un arco superior, colocando las torres de cubierta de forma discreta, a ambos lados del arco.

Por arte de magia, Sallaberry había conseguido una fachada más, la de esquina, con vistas oblicuas a los jardines del Retiro. El edificio obtuvo todos los premios posibles y fue publicado en las más importantes revistas. Sallaberry había conseguido lo más difícil: el reconocimiento paralelo de la profesión y del gran público.

En 1912 recibía el encargo de construir en el solar colindante, el número 3 de la calle Montalbán, completando su intervención en la manzana.

19
Casa Palazuelo

Arquitecto:
Antonio Palacios Ramilo, 1908
Situación:
Alcalá, 54.

Antonio Palacios estaba levantando el edificio de Correos cuando recibió el encargo de la Casa Palazuelo, situada en la misma manzana. Era la ocasión ideal para crear un contrapunto entre dos torres, la del Reloj y la del nuevo edificio de viviendas. Para la primera pensó en un prisma octogonal, rematado con pináculos evocadores de nuestro gótico flamígero, mientras que la Casa Palazuelo tendría el perfil más afrancesado de una pirámide truncada, a modo de mansarda, aunque rematada también por pináculos, para obtener una armonía entre ambas siluetas.

En la Casa Palazuelo irán desapareciendo los detalles góticos y renacentistas del Palacio de Comunicaciones, sustituidos por molduras de abstracta geometría, basadas en la depuración lingüística de los órdenes clásicos. La esquina de la Casa Palazuelo se materializa alrededor del típico prisma octogonal de Palacios, enriquecido esta vez con los miradores en forma de "bow window", que sobresalen en cada uno de los lados, buscando una óptima visualización de la calle.

En Palacios predomina siempre la verticalidad de las fuerzas compositivas, buscando un nuevo perfil urbano, en el que los edificios puedan ser reconocidos desde largas distancias. Palacios inició la Casa Palazuelo al mismo tiempo que el Hospital de Jornaleros en Cuatro Caminos y los talleres para el ICAI, en los bulevares de Alberto Aguilera. Eran los años del llamado Gobierno Largo de Antonio Maura, que se vería roto de forma dramática por la *Semana Trágica* de Barcelona, en 1909.

Arquitectos:
Miguel y Pedro Mathet, 1908
Situación:
Mayor, 16 y 18

La calle Mayor, hoy tan abandonada, había sido durante siglos el eje urbano por excelencia. Procesiones religiosas, entradas triunfales y recibimientos populares habían tenido lugar en este recorrido entre Nuestra Señora de la Almudena y la Puerta del Sol. En 1908 los hermanos Mathet recibían el encargo de proyectar una nueva fachada para un viejo edificio de viviendas. Corrían los años del modernismo y las nuevas revistas de arquitectura se encargaban de propagar, con sus fotograbados, las imágenes que nos llegaban de Europa.

Los Mathet tenían prisa en demostrar su talento como arquitectos y una fachada así se podía terminar en menos de un año. Si gustaba a los promotores tendrían trabajo en la nueva Gran Vía que se abría en esos momentos desde Alcalá a la red de San Luis.

La decisión fue muy sencilla pero tremendamente eficaz: adornarían los balcones con molduras curvas y cerámica, creando tres líneas de balaustradas, que dibujarían fuertes sombras horizontales, por estar orientada la casa a mediodía. Como contrapunto, dos cuerpos verticales de miradores cerrarían la composición por los lados. El equilibrio estaba conseguido, tan sólo quedaba llamar la atención con algunos detalles, como los ventanales circulares con leones o el arco partido de la planta inferior.

Para los madrileños este estilo resultaba completamente novedoso y pronto Pedro Mathet fue reconocido como un hábil fachadista, que sabía estar a la moda según lo pedían las circunstancias. Poco a poco su modernismo inicial fue cambiando hacia un eclecticismo que utilizaba elementos de las más variadas fuentes arquitectónicas.

A la izquierda: vista de un amanecer en la Calle Mayor con las torres de la Compañía Colonial destacando sobre la línea de cornisa.

A la derecha detalle de una de estas torres.

Arquitecto:
Charles Mewes, 1908
Situación:
Plaza de la Lealtad, 5

No había hoteles en Madrid al comenzar el siglo. Las grandes cadenas internacionales se dieron cuenta de esta carencia y tomaron la rápida decisión de instalarse en el mejor emplazamiento para los visitantes: junto al Museo del Prado.

El Hotel Ritz se adelantó al Palace por unos pocos años y sirvió de modelo para la construcción afrancesada que se desarrollaría en Madrid hasta los años veinte.

El Ritz había construido en Picadilly su imponente sede londinense, con una estructura metálica muy avanzada, ocultada más tarde por la clásica parafernalia de columnas, frontones y todo tipo de molduras decorativas. Su arquitecto, el francés Charles Mewes, fue más discreto, en Madrid, impresionado sin duda por la proximidad del Museo del Prado, la obra maestra de nuestro Neoclasicismo.

Mewes organizó el Ritz con sencillas fachadas sin balcones, dejando las ventanas en el plano vertical de los muros, al modo francés, basando el éxito del edificio en la perfecta proporción de los huecos y en la acentuación de las esquinas con cúpulas empizarradas, características de la arquitectura parisina de comienzos de siglo.

El Paseo del Prado, ideado por Carlos III como lugar de encuentro de la aristocracia, continuaba con este Hotel de lujo su tradición elitista, que ha desembocado actualmente en la magnífica Galería Comercial, situada en los bajos del Hotel Palace.

En aquellos primeros años del siglo XX Madrid quería parecerse a París, construyendo sus mejores edificios, como el Casino, Metrópolis, o estos Hoteles Palace y Ritz, con los arquitectos franceses de mayor prestigio.

A la izquierda: detalle de la esquina del Hotel Ritz entre la Glorieta de Neptuno y la calle Felipe IV. El Ritz fue de los primeros edificios según la moda francesa construidos en Madrid

Arquitecto:
Joaquín Saldaña, 1908
Situación:
Serrano, 9

Si algún arquitecto podía estar orgulloso de su clientela, este era Joaquín Saldaña, quien construía tres o cuatro palacetes por año, para una aristocracia deseosa de imágenes parisinas, en pleno auge de la *bélle èpoque*.
Saldaña había empezado su fulgurante carrera con el Palacio March, en el bulevar de Ortega y Gasset 31, con fachadas a Castelló y Núñez de Balboa. Un año más tarde, en 1903, recibía el encargo de otro palacio en la acera de enfrente, para los marqueses de Hinojosa de Alava. Desde ese momento su fama se extendió por todas las tertulias de las clases adineradas, que le consideraron como el indiscutible *número uno*.
Saldaña no tuvo necesidad de presentarse a concursos, como Palacios, Martínez Angel, Gómez-Acebo, o los hermanos Sainz de los Terreros. Le bastaba con trabajar para sus amigos de la aristocracia, como el marqués de Portago, al que construyó esta casa-palacio de la calle Serrano, en un estilo netamente francés, de colores blancos sobre muros estucados, y miradores levemente curvos en las verticales de los extremos.
Las variaciones ornamentales eran muy sencillas, como la alternancia de balcones curvos y adintelados, o de rejería individual con la balaustrada típica de la planta noble. El almohadillado de la planta baja continuaba, a veces, hasta la segunda altura, improvisando efectos de luces y sombras, para conseguir unas fachadas de apariencia lujosa pero de un coste relativamente bajo. Saldaña prosiguió su imparable carrera con el palacio para el marqués de Villota en la Plaza del Marqués de Salamanca, 5; el de la condesa de Adanero (Administración Local) en Santa Engracia, 7; el del conde Santa Coloma (Liceo Italiano) en Cristóbal Bordiú, y el del duque de Plasencia (Embajada de Turquía) en Montesquinza, 48 esquina Jenner.
Vivir en un palacio del arquitecto Saldaña se convirtió en algo esencial para estar en la cúspide de la moda. En 1913 sería el duque de Tamames, quien le encargó el suyo en Fernández de la Hoz, 9 esquina General Arrando. Ese mismo año acudieron a su estudio los condes de Paredes de Nava para pedirle otro palacete en Zurbano esquina a General Arrando (Ingenieros Civiles).

A la derecha: visita de conjunto del palacio del Marqués de Portago, ejemplo del estilo llamado de "los Luises".

23
Viviendas en Príncipe de Vergara

Arquitecto:
Julio Martínez Zapata, 1908
Situación:
Alcalá, 121.

Se podría decir que una ciudad es un conjunto de esquinas inolvidables. Cuando el viajero se aleja de Madrid, después de haber paseado sus ojos por nuestras calles, va recordando esquinas como la del Banco de España, con su reloj y su bola dorada, la del Capitol, con sus refrescantes anuncios, la del Banesto en el cruce de Alcalá y Sevilla, o la de "Metrópolis", en el nacimiento de la Gran Vía.

Podríamos hacer una historia de la arquitectura que tan sólo recogiese los edificios de esquina, y muy pocos, de los verdaderamente importantes, faltarían.

La fortuna parecía sonreír a Julio Martínez Zapata ya que todos sus encargos lo fueron para edificar en solares de esquina. En 1908 empezaría con este magnífico volumen de viviendas, en el encuentro de la castiza calle de Alcalá con el nuevo bulevar de Príncipe de Vergara. En 1914 trabajaría en otro ángulo clave de la ciudad: el de Gran Vìa con la calle Clavel nº 4. Y, en el año siguiente, completaría su labor profesional en su proyecto para las tres fachadas contiguas de Gran Vía 21, Montera y Caballero de Gracia.

El edificio de viviendas de Alcalá esquina Príncipe de Vergara tiene todavía el aire del modernismo, sobre todo en el perfil dentado de la cúpula, que nos recuerda las cubiertas barcelonesas de Gaudí, aunque con la discreción y timidez propia de la arquitectura madrileña.

Los miradores de estas casas son extremadamente modernos porque su belleza radica en la ligereza de sus blancos perfiles y en la perfecta proporción de su trama. Zapata sabía que el contraste entre el barroquismo formal de la cúpula y la desnudez ornamental del cuerpo de miradores produciría un efecto visual tremendamente atractivo. Muy pocas esquinas de Madrid han conseguido expresar como ésta la relación entre la intimidad del hogar y el espectáculo de la calle, a través de ese aire mágico, que queda atrapado entre el balcón y el cristal de cerramiento de cada mirador.

Arquitecto:
Tomás Gómez Acebo, 1908
Situación:
Velázquez, 63

Las calles de Velázquez y Príncipe de Vergara perdieron en los años 60 los bellos bulevares que aún se mantienen en Juan Bravo y que eran una de las más hermosas aportaciones de la urbanística decimonónica al concepto moderno de ciudad.

En el eje de Velázquez fueron apareciendo los palacios y casas-palacio de la aristocracia más poderosa. El barrio, que el Marqués de Salamanca había promocionado con su apasionada personalidad, se estaba convirtiendo en un magnífico conjunto, en el que los conceptos de tipología arquitectónica y morfología urbana se hermanaban de forma perfecta e irrepetible.

Si en las calles de segundo orden, como Hermosilla, Ayala o Claudio Coello, se levantaban edificios de viviendas, en los que se mezclaban las clases sociales, en una pirámide invertida que llevaba a las alturas a los de rentas más bajas, en los ejes de Velázquez y Príncipe de Vergara se proyectaban palacios, como éste de Julio Castañedo o el muy próximo de los marqueses de Amboage, ocupado actualmente por la Embajada Italiana. El arquitecto Tomás Gómez Acebo había demostrado su

calidad en los primeros años del siglo, con su propuesta para la construcción del Casino de Madrid, en la calle de Alcalá, que fue comprada por la Sociedad Rectora de dicho Casino, junto a los mejores proyectos franceses y españoles, presentados al concurso. En esta ocasión no utilizaría Gómez Acebo el estilo modernista que intuía acorde para el Casino sino una sabia combinación entre el madrileñismo del ladrillo y el afrancesamiento de las mansardas, con sus

correspondientes torreones de pizarra en los extremos de la composición.

Al volcar la casa-palacio sobre Velázquez y el pabellón de servicio sobre la calle Lagasca, tenía Gómez Acebo la posibilidad de organizar un bello jardín interior, muy frecuente en aquella época pero que hoy en día es uno de los escasos ejemplos que se han salvado de la salvaje destrucción de los 60.

A la izquierda: vista de la esquina entre Alcalá y Príncipe de Vergara.

A la derecha: vista de las mansardas afrancesadas del palacio Castañedo.

Arquitecto:
Antonio Palacios Ramilo, 1908.
Situación:
Alcalá, 49.

A lo largo del siglo XIX se habían producido tímidos intentos de extender la Sanidad a los más necesitados. En 1906 surge la idea de una fundación benéfica por parte de Doña Dolores Romero, y en 1908, una vez estructurada jurídicamente, se encarga a Antonio Palacios el proyecto de un hospital para trabajadores, que tuviese todos los adelantos médicos de la época. Palacios tenía en Madrid, en Atocha, uno de los ejemplos más espectaculares de arquitectura hospitalaria europea. El Hospital General, construido por Francesco Sabatini, por orden de Carlos III, había quedado incompleto, pues la enorme extensión de los dibujos era imposible de llevar a la realidad, por muy saneada que estuviese la economía del reino.

Huyendo de la arquitectura

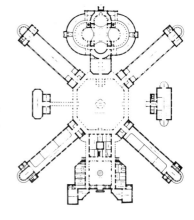

ortogonal, a base de cuerpos cruzados que van dejando patios interiores, Palacios prefirió retomar esquemas iluministas en forma de estrella, usados en todas las cárceles, pero cambiando el patio central de vigilancia por otro mucho más amable, con fuentes y columnatas. De este foco partirían las cuatro alas principales, quedando las otras cuatro caras del octógono para la iglesia, el cuerpo de entrada y los quirófanos.

Para equilibrar la fuerte horizontalidad del hospital, Palacios levantó unas torres muy esbeltas en el lado de la iglesia, aprovechando la mayor perspectiva desde la avenida de Raimundo Fernández Villaverde.

En este proyecto demostró Palacios que se encontraba a años-luz de sus compañeros del ambiente madrileño. La seriedad del planteamiento y la sabiduría constructiva de sus muros y bóvedas de piedra le permitiría alcanzar esta obra maestra, salvada de la destrucción por la Comunidad de Madrid, al albergar en ella su Consejería de Arquitectura y Urbanismo.

Arriba:planta del Hospital.
Izquierda: torres de la iglesia.

Arquitecto:
Luis María Cabello Lapiedra, 1910.
Situación:
Arrieta, 12

Al convertirse el edificio de la calle Atocha en Facultad de Medicina, se pensó en su ubicación en zona próxima a Palacio y se eligió la calle Arrieta, en el solar que había ocupado la Biblioteca Nacional mientras que se construía la del Paseo de Recoletos.

El arquitecto que recibió el encargo, Luis María Cabello Lapiedra, era un personaje famoso en la época por sus numerosas publicaciones sobre la historia de la Arquitectura Española, en libros que aún en nuestros días son de enorme utilidad para recomponer el menguado mosaico de nuestra historiografía.

Es muy interesante comprobar como la arquitectura que hace un historiador queda siempre desfasada de sus contemporáneos. En aquella segunda década del siglo XX se elevaban bellos edificios modernistas y el gran Antonio Palacios ensayaba su particular lenguaje de *collage* historicista. Cabello Lapiedra, sin embargo, ordenaba la fachada de la Academia de Medicina con columnas adosadas al muro, frontones clasicistas y atlantes bajo el balcón de la planta noble, buscando en la historia de España las fuentes para un lenguaje universal.

La arquitectura relacionada con la Medicina ha sido muy importante en Madrid, desde el Hospital General de Sabatini, actual Centro de Arte Reina Sofía, hasta el Colegio de Médicos de la Calle Santa Isabel, con el magnífico anfiteatro del XIX.

Arquitecto:
Antonio Palacios, 1910.
Situación:
Alcalá, 49.

Palacios acudía a diario, mañana y tarde, a su obra del Palacio de Comunicaciones en Cibeles. En el año 1910 se estaban colocando las cerchas en la bóveda central y se levantaban los muros a la altura de la segunda imposta. El trabajo del estudio era agotador, cada despiece, cada detalle ornamental de la pie-dra, había que resolverlo con dibujos exactos, que eran repartidos a los especialistas. Al recibir el encargo del Banco del Río de la Plata, en la esquina de Barquillo con Alcalá, Palacios sintió un cierto alivio. Al tener tan juntas las obras de Correos, Casa Palazuelo y esta entidad bancaria, podría dar órdenes con pequeños desplazamientos. De las revistas que llegaban de América había observado los nuevos edificios públicos, con su valiente utilización de órdenes gigantes, que, en el

Madrid: Banco Español del Río de la Plata

fondo, eran pilares, muchas veces metálicos, que sustituían a los viejos muros del pasado. Detrás de estas columnas, superficies brillantes y trans-parentes de cristal, permitían aprovechar al máximo la luz del día.

Si en Correos, como obra juvenil, había querido contar todo lo que llevaba dentro, en este Banco empezó su depura-do camino hacia la monumen-talidad clasicista, empleando menos recursos pero sacando el máximo partido de cada uno de ellos.

Dos únicos volúmenes entran en la lucha compositiva. El gran cuerpo bajo define los límites externos de la edifica-ción, mientras que el vacío central, dedicado a patio de operaciones, emerge sobre la cubierta, como un iceberg, para captar el aire y la luz que dan vida al corazón del proyecto.

Si en Correos estaba traba-jando Palacios sobre detalles góticos y renacentistas, movi-do quizá por la nostalgia de los castillos y catedrales que poblaron nuestro territorio, aquí, en el Banco del Río de la Plata, emplea columnas gigantes, cariátides y capite-les, desconocidos hasta enton-ces en nuestra arquitectura.

28
Hotel Palace

Arquitecto:
León Monnoyer, 1910-1911
Situación:
Plaza de las Cortes, 7

A comienzos del siglo XX
Madrid era una ciudad que
comenzaba a ser atractiva
para los europeos. Junto a la
posibilidad de hacer buenos
negocios los extranjeros dis-
frutaban en los numerosos
teatros, festejos taurinos y
cafés cantantes. Sin embargo,
no existían hoteles de calidad
para recibir a los nuevos visitantes, que debían hacer uso
de viejas fondas y casas de
huéspedes.

Tras la creación en 1908 del
Hotel Ritz en esa misma glorieta de Neptuno y del Hotel
Internacional en la calle del
Arenal, nace el Hotel Palace
en 1910 como un ejemplo del
lujo francés trasplantado a la
capital de España.

La Carrera de San Jerónimo
había sido recorrido tradicional de los reyes y sus cortejos
por ser la comunicación natu-
ral entre el Palacio del Buen
Retiro y el Palacio Real. En
los terrenos que ahora debía
ocupar el Hotel Palace, se
encontraba uno de los más
bellos palacios madrileños, el
de los duques de Medinaceli,
cuya fachada había sido un
magnífico telón de fondo para
los actos más brillantes de los
dos últimos siglos.

Como siempre, la ciudad se
transformaba devorando a
sus propios hijos. Nacía un
bello edificio afrancesado
sobre los cimientos del palacio
barroco. Los encargados del
proyecto fueron los belgas
León Monnoyer et fils, una
afamada empresa de arquitectura que recibía encargos de
toda Europa. Para resolver
los temas burocráticos firmó
el proyecto el arquitecto
Eduardo Ferrés y Manuel
Alvarez Naya dirigió las
obras.

En 1910, al mismo tiempo
que se iniciaban las estructu-
ras de hormigón del Hotel
Palace, en Madrid se estaban
construyendo otros edificios
bien distintos, alejados aún de
la influencia francesa. En la
Avenida de Martínez Campos,
Enrique María Repullés era
el responsable de la casa del
pintor Sorolla, de estilo anda-
luz, Manuel Aníbal Alvarez
proyectaba el colegio del Pilar
en Príncipe de Vergara, en
estilo gótico, y Antonio
Palacios importaba de
Estados Unidos el estilo imponente de los edificios públicos
con su Banco del Río de la
Plata (hoy Central), en la
esquina de Barquillo y Alcalá.
Poco a poco, el estilo francés
del Palace, con sus elegantes
mansardas y sus muros de
estuco adornados de guirnaldas, se iría imponiendo con
artífices tan importantes como
Joaquín Rojí y Joaquín
Saldaña.

Viviendas junto a la Plaza Mayor

Arquitecto:
Julio Martínez Zapata, 1910.
Situación:
Mayor 27; Felipe III, 2

La diferencia fundamental entre la arquitectura de comienzos de siglo y la de épocas anteriores estriba en el tratamiento de las esquinas. Nunca hasta ese momento habían aparecido formas tan sugerentes en el encuentro de dos calles perpendiculares. Los arquitectos idearon torreones cilíndricos como éste para

acentuar el giro que envuelve las fachadas.

A lo largo del siglo XIX se habían ido levantando las casas de esta calle Mayor con alzados muy sencillos, ordenados verticalmente por la alternancia de balcones y machones de ladrillo. Al nacer el siglo XX, una nueva burguesía necesita demostrar su buen nivel económico con edificios más cuidados, en los que se entremezclan elementos arquitectónicos de antiguos palacios y construcciones públicas. El lujo deja de ser patrimonio exclusivo de la aristocracia y la realeza para ir pasando, poco a poco, a profesionales liberales, como médicos, abogados e ingenieros, así como a empresarios y comerciantes.

Los miradores se convierten en el lugar privilegiado de las viviendas, pues el espectáculo de la calle, con sus coches de caballos y la gente elegantemente vestida, atrae las miradas de sus moradores. Gracias a la aparición del hierro, las fachadas pueden ser cada vez más luminosas, siguiendo el largo camino que las conduciría hacia el actual muro-cortina.

En cuanto a los adornos de la fachada, debemos recordar la existencia de extensísimos catálogos de molduras en piedra artificial, con cariátides, florones, ménsulas, capiteles y balaustradas. Los arquitectos tenían por fin a su disposición un amplio repertorio ornamental que desaparecería en pocos años, por culpa del llamado *Estilo Internacional* que, desde los años 30, impondría sus leyes de fachadas lisas y franjas horizontales de ventanas.

La arquitectura de estos primeros años del siglo es la más rica de nuestra larga historia porque, junto a los palacios del barrio de Salamanca, aparecieron nuevas tipologías, como estas casas de alquiler para la burguesía, o los grandes edificios bancarios y los nuevos hoteles de lujo del Paseo del Prado y la Gran Vía. Estos bellos torreones, que llamaban la atención de nuestros visitantes, sustituían a los viejos campanarios de las infinitas iglesias que ocuparon el suelo de Madrid desde su elección como capital de España. Si las campanas recordaban el poder de la Iglesia, los miradores reflejaban el orgullo de una burguesía que crecía rápidamente, en número y en capacidad de decisión.

Arquitecto:
Antonio Flórez Urdapilleta, 1911
Situación:
Pinar, 21

En este lugar vivieron los artistas y científicos que escribieron con su talento la historia de aquella España que desembocaría lamentablemente en la Guerra Civil.

España deseaba parecerse un poco más a Europa al comenzar el siglo XX. En las más importantes capitales habían nacido instituciones dedicadas a los posgraduados, que proporcionaban los medios para avanzar en sus especialidades profesionales.

Con la creación de la Junta de Ampliación de Estudios e Investigaciones Científicas, presidida por Santiago Ramón y Cajal, se iniciaba el camino que llevaría, en la posguerra, al Consejo Superior de Investigaciones Científicas, organismo que en la actualidad acoge a los más brillantes expedientes académicos.

El arquitecto Antonio Flórez se dedicó a lo largo de su vida a la construcción de edificios relacionados con la enseñanza. Prescindió de cualquier elemento decorativo y empleó el ladrillo como material básico de su arquitectura, sin llegar al barroquismo de los detalles neo-mudéjares, utilizados abusivamente por algunos compañeros de profesión en iglesias, fundaciones y conventos.

Aquí vivieron personajes tan apasionantes como Federico García Lorca y Salvador Dalí, que se encerraban en su dormitorio algunas noches, construyendo con las camas una balsa que, en su desbordante imaginación, naufragaba en un inmenso océano. El resto de los estudiantes, al no poder dormir, preferían pegar sus oídos a las paredes de la habitación y escuchar aquella representación teatral de dos genios inolvidables.

Detalle de la fachada interior de los pabellones dedicados a Residencia de Estudiantes

31
Casa Gallardo

Arquitecto:
Federico Arias Rey, 1911
Situación:
Ferraz, 2; Plaza de España.

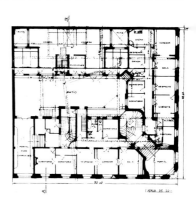

La Casa Gallardo es uno de los escasos ejemplos de modernismo que tenemos en Madrid. Su arquitecto, Federico Arias Rey, formado en Barcelona, supo traernos desde Cataluña el estilo que había imperado en la Europa de comienzos de siglo, llevando la alegría de sus curvaturas libres al paisaje urbano de sus ciudades más importantes.

El emplazamiento de la Casa Gallardo tenía todas las condiciones para un proyecto espectacular por ser una esquina entre la enorme Plaza de España, recién iniciada, y la calle de Ferraz, uno de los ejes característicos del Ensanche de Argüelles. Arias Rey pensó en acentuar la esquina con una torre rematada por apuntada cúpula, actuando como la proa de un barco que se dispone a surcar los aires de la ciudad. Las fachadas laterales son un eco de los temas formales empleados en el cuerpo de esquina. Dos series verticales de miradores terminan en sendas cúpulas que el espectador no ve completamente al estar ocultas por unos arcos en forma de herradura, típicos del estilo modernista.

Una vez conseguida la claridad compositiva, Arias Rey fue inventando infinitos detalles decorativos para cada balcón, para cada cornisa, como si las profesiones de arquitecto y escultor se hermanasen de forma irrepetible.

Las fachadas de la Casa de Gallardo tienen tal movimiento que cualquier variación de la iluminación solar, por muy pequeña que sea, las convierte en algo diferente.

A la izquierda: dibujo original de Federico Arias Rey, mostrando el alzado hacia la Plaza de España.

Arriba: planta de la reforma llevada a cabo por Arias Rey sobre el edificio existente.

Página derecha y sucesivas: detalles de las fachadas de la Casa Gallardo.

Casa para el Marqués de Amboage

Arquitecto:
Joaquín Rojí, 1911-1913
Situación:
Plaza de las Cortes, 9

El arquitecto Joaquín Rojí estaría siempre agradecido a sus amigos, los marqueses de Amboage. En el mismo año, 1911, iniciaron las conversaciones para dos edificios que harían historia en nuestra arquitectura de comienzos de siglo. En el cruce de los bulevares de Velázquez y Juan Bravo deseaban los marqueses un nuevo palacio, mientras que en la Plaza de las Cortes planeaban construir un lujoso inmueble de viviendas de alquiler, inversión que consideraban segura y prestigiosa.

Si el palacio de Velázquez y Juan Bravo, ocupado hoy día por la Embajada de Italia, se inspiraba en el arte barroco francés, en las viviendas de la Plaza de las Cortes se respiraba el aroma del París contemporáneo, con sus torreones enforma de pirámide truncada, sus entrelazados balcones y su decoración mural, con profusión de guirnaldas y medallones.

Joaquín Rojí hubiese proyectado de todas formas un edificio de aire francés pero en este emplazamiento se veía apoyado por la presencia del Hotel Palace, en pleno proceso de construcción, y cuyo arquitecto, León Monnoyer, había impresionado a los madrileños con su arriesgada estructura de hormigón.

Rojí sabía que tanto la fachada hacia el Palace como la que miraba hacia las Cortes debían ser tratadas con sencillez, para que destacase el tema de la esquina curva, encuadrada entre dos torres de gran belleza que son como los instrumentos solistas en una gran sinfonía. Ellas se encargan de llamar la atención hacia el edificio, tanto si se desciende por la Carrera de San Jerónimo, como si se llega por la plaza de Neptuno. Todos los detalles constructivos de las torres muestran a un Joaquín Rojí excepcionalmente hábil, combinando las cerámicas doradas bajo el arco con las finas columnas de los miradores, y perfilando el límite superior con elegantes cubiertas emplomadas.

El éxito profesional llegó en 1915, cuando Rojí recibió el premio del Ayuntamiento al mejor edificio de reciente terminación por estas viviendas para el Marqués de Amboage y, además, el encargo para reconstruir el viejo convento de las Salesas Reales, que había sufrido un devastador incendio, y convertirlo en un nuevo Palacio de Justicia.

A la izquierda: vista del edificio tras el Hotel Palace.

A la derecha: detalle de una de las torres.

Viviendas en la Plaza de Oriente

Arquitecto:
Joaquín Rojí, 1912

La plaza de Oriente es un vacío urbano ideado por José Bonaparte, a quien los madrileños apodaron el *rey plazuelas* por su obsesión en crear espacios abiertos, rompiendo la densa trama de nuestra ciudad histórica.

Con Fernando VII la plaza de Oriente se va definiendo como un escenario semicircular frente a la fachada del Palacio borbónico. La hábil mano de

Isidro González Velázquez, el discípulo preferido de Juan de Villanueva, irá dibujando el paseo porticado y el nuevo Teatro Real, que luego concretaría su compañero Antonio López Aguado. Lentamente, a lo largo del siglo XIX se fue ajardinando la plaza, con parterres que rodeaban una hermosa fuente, diseñada por el arquitecto Narciso Pascual y Colomer y culminada con la estatua en bronce de Felipe IV a caballo, la obra más famosa del florentino Pietro Tacca.

En el transcurso del siglo XIX se levantaron numerosos edificios de viviendas de alquiler, aprovechando la mayor altura permitida por las nuevas ordenanzas. Madrid creció en vertical, mientras que el Ensanche del Plan Castro ordenaba los terrenos para la extensión superficial en las zonas del Marqués de Salamanca o Argüelles.

Por respeto al palacio, las primeras fachadas isabelinas fueron muy discretas, con órdenes clásicos enunciados por sutiles pilastras. En los años de la mayoría de edad de Alfonso XIII, en plena *belle époque*, la euforia burguesa permitirá a los arquitectos un mayor lucimiento, que irá a desembocar en fachadas suntuosas, con bellísimos miradores que nos recuerdan el mundo del teatro, con el Palacio Real como telón de fondo, los jardines de la plaza como escenario y los balcones como privilegiados palcos, desde los que contemplar el espectáculo vivo de la ciudad.

De Francia se importaron los áticos, bajo cubiertas en forma de mansarda, y los torreones emplomados, que con su elegante silueta marcan los ejes simétricos de la composición. Los estucos de los muros no imitan los antiguos despieces de sillería sino que crean su propio mundo decorativo, con guirnaldas, grecas y volutas, imágenes coherentes con el mundo frívolo y optimista de los años anteriores a la primera Guerra Mundial. Los colores de las fachadas, introducidos en el propio estuco, se moverán en la gama de los sepias y ocres, para crear el contrapunto a la frialdad del hierro y el cristal.

Puente Reina Victoria

Arquitecto:
Eugenio Ribera, 1912

Madrid tenía dos puentes magníficos, los de Segovia y Toledo, que habían sido construidos por dos reyes claves en la historia de España. Felipe II fue quien encargó a Juan de Herrera, el arquitecto de El Escorial, el Puente de Segovia, de clara línea renacentista, con sobrios volúmenes, característicos de nuestro siglo XVI. El Puente de Toledo, sin embargo, manifestaba el gusto por el barroco de Felipe V, nuestro primer monarca de la Casa de Borbón.

Otro puente más pequeño, pero igualmente bello, había sido diseñado por Isidro González Velázquez para Fernando VII, a principios del XIX, con la intención de unir sobre el agua el Campo del Moro y la Casa de Campo, ya comunicadas por un túnel secreto. Se llamó Puente del Rey, y hoy día se encuentra enmascarado por los diversos cruces de la M-30 con la salida hacia la carretera de Extremadura. Tras estos proyectos históricos, el ingeniero Eugenio Rivera trato de reflejar su época, el comienzo del siglo XX, dando al puente forma de parábola muy abierta, estructura de hormigón y ornamentación levemente modernista.

La sencillez de la propuesta permite que la glorieta de San Antonio de la Florida, con las dos ermitas gemelas, sea uno de los espacios urbanos de Madrid más adecuados a la escala humana, con el recuerdo siempre presente de nuestro gran pintor Francisco de Goya.

Vista del puente de Reina Victoria desde el teleférico que comunica la Casa de Campo con el Paseo del pintor Rosales

35
Viviendas en Alfonso XII, 36–38

Arquitecto:
Francisco García Nava, 1912

La calle Alfonso XII, que había surgido como una herida brutal en el tejido paisajístico de los jardines del Retiro, se fue transformando, en los comienzos del siglo XX, en uno de los conjuntos arquitectónicos más bellos de la arquitectura europea.
Cuando Fernando VII decidió vender el arruinado palacio del Buen Retiro a los contratistas de la época, se iniciaba la transformación de aquel viejo recinto barroco en el mejor barrio residencial del siglo XIX.
El arquitecto García Nava sabía que una fachada en Alfonso XII era como trabajar en el Paseo Marítimo de San Sebastián, cambiando tan sólo la bahía de la Concha por el frondoso boscaje del Retiro.
Nava organizó el volumen con dos torres cilíndricas en las esquinas que remató con dos elegantes cúpulas, enmascaradas tras la bella ornamentación del ático, que se desarrolla sobre una nítida cornisa.
Una vez conseguida la tensión dramática entre la horizontalidad de la cornisa y las fuerzas verticales de torres y miradores, el arquitecto se decidió por el empleo de una antigua receta de nuestra profesión: duplicar el número de huecos en la última planta, reduciéndolos, a su vez, de tamaño para evocar la imagen de castillo o fortaleza.
Los balcones no aparecen aislados sino que nacen como alas de los cuerpos verticales de miradores, acumulando en estos ejes toda la intensidad de la melodía arquitectónica, acentuada por los silencios de los cuerpos intermedios.
En la década siguiente tuvo García Nava la oportunidad de trabajar en la misma calle, junto al Casón del Buen Retiro, para dejarnos otra de sus obras maestras, Alfonso XII, 32, superponiendo una casita de Blancanieves a un antiguo edificio de José Marañón.

36
Hotel Roma

Arquitecto:
Eduardo Reynals, 1913
Situación:
Gran Vía, 18

Los hermanos Eduardo y Francisco Reynals acapararon en su estudio gran parte de los proyectos del primer tramo de la Gran Vía. Eduardo levantó, entre 1913 y 1915 los números 7, 12, 14 y este Hotel Roma, que ocupa el número 18. Su hermano Francisco era el responsable del número 9. Es decir, nada menos que cinco edificaciones estaban saliendo simultáneamente de las mismas mentes creadoras.

Aunque Eduardo Reynals era ya muy conocido por su Casa Pérez Villaamil, una de las realizaciones modernistas más interesantes, no podía repetir esta obra maestra, pues ni un propietario tan culto volvería a aparecer, ni era posible un presupuesto tan elevado para configurar las formas vegetales de los muros o los delicados dibujos de hierro, en balcones y miradores.

Si Eduardo Reynals construyó los números 12 y 14 de esta Gran Vía con cierta desgana, repitiendo de forma monótona una serie de columnas barrocas pegadas al muro, en este Hotel Roma su motivación fue mucho más fuerte. Tenía una esquina para lucirse y un tema, el del hotel de lujo, que todos los arquitectos deseaban recibir. Recordemos que se estaban construyendo hoteles de importancia por todo Madrid. El Ritz y el Palace en Neptuno, el Internacional en la calle Arenal, el Reina Victoria en la Plaza de Santa Ana o los de la Gran Vía, como el Atlántico de Joaquín Saldaña en el número 38, el Alfonso XIII, de Yarnoz y Palacios en el número 34, o el mismo Gran Vía, del maestro Modesto López Otero, quien también construía el Nacional de la Glorieta de Atocha.

En el breve período de quince años, desde que el Ritz iniciara la carrera, Madrid se había convertido en una de las capitales europeas mejor dotadas en hoteles de lujo, compitiendo incluso con Londres o París.

Para la fachada del Hotel Roma eligió Reynals un basamento almohadillado, una balconada continua sobre la entreplanta, un cuerpo principal de tres pisos y un ático de enormes ménsulas, que soportaban una impresionante cornisa. Como detalle clasicista, puso frontones curvos sobre balcones alternos del primer piso, evitando el de la esquina, que presentaba mayores dificultades.

La fachada nos recuerda, en los pisos segundo y tercero, los alzados de Otto Wagner, en Viena, con sencillas ventanas, dotadas de una pequeña barandilla, y muros desnudos, decorados únicamente por pequeños tarjetones que acentúan el ritmo vertical de la composición.

Arquitecto:
Jesús Carrasco y Encina, 1913
Situación:
Calle Mayor, 73

Carrasco fue sin duda uno de nuestros mejores arquitectos modernistas, que ha pasado a la historia como un desconocido por su reducido número de obras. En Madrid, además de este edificio de viviendas sobre la Botica de la Reina Madre, permanecen el abandonado semanario *Nuevo Mundo* de la calle Larra, 14 y el fantástico Hotel Reina Victoria, que vuelca sus miradores transparentes a las plazas del Angel y Santa Ana.

El nombre de Botica de la Reina Madre viene del siglo XVIII, cuando la reina Isabel de Farnesio tenía miedo de ser envenenada por su hijastro Fernando VI, mientras que su hijo Carlos III estaba lejos, reinando en Nápoles y Sicilia.

Carrasco consiguió dar alegría a una fachada muy difícil, tanto por estar orientada al norte como por su encajonamiento entre muy viejas edificaciones. Consiguió rescatar el trabajo de forja para dar movimiento a los miradores adosados al muro que intentan captar la luz reflejada en las fachadas de enfrente.

La Botica, que conserva el viejo nombre, también fue decorada por Carrasco, siguiendo el estilo modernista que tanto dominaba en la época.

Fachada a la calle Mayor del edificio que contiene la Botica de la Reina Madre. Los miradores de cristal se sitúan en los lados para permitir la máxima iluminación del interior de las viviendas y una óptima visión de la calle.

Arquitecto:
Antonio Palacios, 1913
Situación:
Cánovas del Castillo, 4

En una de nuestras mejores plazas, la de Neptuno, dos edificios franceses se miraban el uno al otro, orgullosos de haber colonizado con su arquitectura otra ciudad europea. El pobre dios de las aguas, nacido de la mano de Ventura Rodríguez, estaba acostumbrado a pinchar con su tridente a los italianos, como Sabatini o Vanvitelli, que intentaban aplastar a los arquitectos españoles del siglo XVIII. Neptuno, sin embargo, no sabía qué hacer con estos dos enormes hoteles, el Palace y el Ritz, que le tapaban los bellos espectáculos del nacimiento y la puesta del sol. Monnoyer y Mewes habían convertido su viejo océano de árboles en una plaza muy parisina, en la que Neptuno empezaba a sentirse como un turista. En 1913 el conde de Bugallal encargaba a Antonio Palacios su casa en un lateral de la plaza, en la desembocadura de la calle dedicada a Cervantes. Desde que Silvestre Pérez

había proyectado el Palacio Villahermosa, construido luego por Antonio López Aguado, ningún arquitecto español había intervenido en esta glorieta.
Palacios trabajaba aún en la finalización del Palacio de Comunicaciones en Cibeles, el Banco del Río de la Plata en la esquina de Barquillo con Alcalá y el Hospital de Jornaleros en Cuatro Caminos. Además, acababa de empezar las viviendas de Sagasta 23. No tenía mucho tiempo para deta-

lles ornamentales pero sí el talento para diseñar una pieza, la que une el torreón con el muro curvo de la esquina, que vale por sí sola para incluir este edificio en una guía de arquitectura.
En 1930 fue reformada esta casa del Conde de Bugallal para acoger las oficinas de la Compañía Sud América de Seguros. De ello se encargaría el arquitecto Bernardo Giner de los Ríos.

A la derecha: detalle de la torre sobre la esquina, con cubierta plana, tal como gustaba a Palacios.

Palacio Bermejillo

Arquitecto:
Eladio Laredo, 1913
Situación:
Eduardo Dato, 31

Cuando un arquitecto termina un edificio y pierde toda su capacidad de decisión sobre él, comienza una historia de agresiones o caricias que convertirán su obra en algo bello y siempre joven o en algo sucio y ruinoso.
Laredo construyó dos obras maestras en Madrid, este

Palacio Bermejillo y el número 1 de la Gran Vía, ocupado por la relojería Grassy.
El Palacio, al ser primero Dirección General del Patrimonio Histórico y, posteriormente, sede del Defensor del Pueblo, ha sido mantenido con cariño y su belleza deslumbra, cuando se le contempla desde el paso elevado que une, sobre la Castellana, Eduardo Dato y Juan Bravo.
Laredo no tendría igual suer-

te con su edificio de Gran Vía, 1, que está pidiendo a gritos un poco de afecto, ya que nadie se ha acordado de él desde los días de su construcción, a comienzos del siglo.
El Palacio Bermejillo sirvió para demostrar las posibilidades del lenguaje *Monterrey* o neo-renacentista, que venía siendo utilizado en los pabellones españoles de las exposiciones internacionales. La ventaja del Palacio Bermejillo es su carácter de edificación exenta, con lo que puede crear su propio ambiente sin tener que sufrir la presión compositiva de las medianeras.
Las torres de las esquinas se apoderan del espacio, marcando los límites de su territorio, como miradores atentos a la vida de la ciudad. Los muros se abren tan sólo en los lugares adecuados, concentrando con sabiduría los detalles decorativos en las proximidades de balcones y ventanas.

A la izquierda: vista en escorzo de la fachada principal del palacio Bermejillo, actual sede del Defensor del Pueblo.

Arquitecto:
José Mª Mendoza y Ussía, 1913
Situación:
Mejía Lequerica

José María Mendoza y Ussía fue un arquitecto brillante Construyó mucho en Madrid, gracias a sus inmejorables relaciones familiares y de amistad con la más influyente aristocracia. En sus proyectos aparece siempre ese orgullo profesional de los que están seguros de lo que hacen. Utilizando un lenguaje ecléctico, con imágenes tomadas de las más variadas fuentes, inició su carrera con el palacio de don Manuel Muruve, hoy Embajada de México, en el número 9 de María de Molina. Seis años más tarde, en 1912, construiría otro palacio, esta vez para el Marqués de Fontalba en pleno Paseo de la Castellana, conservado hasta nuestros días gracias a su uso como Consejo Supremo de Justicia Militar. En 1913 cambió el tono del encargo y hubo de proyectar este edificio en el casco histórico, en la calle Mejía Lequerica, muy cerca del antiguo palacio del Conde de la Unión de Cuba, creación neo-medieval del gran Juan de Madrazo. Mendoza y Ussía empleó los recursos figurativos de sus palacios, cambiando el lugar de aplicación y eligiendo los chaflanes de esquina como los momentos claves de la historia urbana que deseaba contar. En estos chaflanes, y no en los ejes de simetría de las fachadas, aparecerán con delicadeza los clásicos miradores que soportan el balcón *noble*, cubierto por un frontón que nos recuerda las alas de un ave.

Mendoza y Ussía renuncia a las cúpulas, que de forma tan ostentosa emplearía en la Plaza de Canalejas, para rematar las esquinas con torreones de formato octogonal, que nos señalan discretamente los vértices de articulación de las calles.

A la derecha: detalle del chaflán, con el balcón enmarcado por columnas jónicas y rematado por un original frontón curvilíneo.

Palacio Marqués de Rafal

Arquitecto:
Luis Sainz de los Terreros, 1913
Situación:
Castelló, 73

El arquitecto Luis Sainz de los Terreros fue uno de los animadores del debate arquitectónico en los comienzos de nuestro siglo. Dirigía la revista titulada *La Construcción Moderna*, en cuyas páginas se podían leer todo tipo de artículos, desde biografías sobre otros compañeros, hasta análisis de los nuevos materiales de construcción. También se publicaban fotografías de los edificios recién terminados en las ciudades más importantes de España.

Como ocurre con frecuencia entre los arquitectos dedicados a escribir, su arte era correcto a la hora de crear proporcionadas fachadas, carentes, no obstante, de la fuerza dramática de algunos genios como Antonio Palacios.

Sainz de los Terreros había construido el palacete Jiménez de Arenzana en Manuel Silvela 4, en 1905, y la esquina de la calle Bailén, 26 que mira a la Plaza de San Francisco el Grande, en 1912. En este Palacio para el Marqués de Rafal, ocupado en la actualidad por la embajada de Bélgica, intentaría solucionar con dignidad el tema del palacete, en un barrio como el de Salamanca, en el que trabajaban compañeros como Rojí y Saldaña, mucho más brillantes que él. Huyendo de originalidades excesivas, Sainz de los Terreros propone un volúmen prismático muy sencillo, con fachadas estructuradas en tres elementos sin apenas relieve, colocando las molduras clasicistas con la suavidad de una acuarela. El resultado es una arquitectura que no deslumbra pero que cumple a la perfección el difícil cometido de formar ciudad.

Edificios como éste fueron matizando el damero propuesto por el Plan Castro para el Ensanche madrileño. Sainz de los Terreros era consciente de sus limitaciones. Su propuesta para el Casino Madrileño de la calle Alcalá no pasó ni siquiera la primera criba. Su hermano Joaquín, también arquitecto, colaboraba con él en algunos proyectos, como el del Círculo Mercantil, sin llegar a ser, tampoco, una gran figura. La grandeza de estos profesionales fue llegar a un nivel de dignidad que dió a Madrid una belleza inigualable.

Arquitecto:
Luis de Oriol y Urigüen, 1913
Situación:
Alcalá, 49.

Los Oriol, han sido, y continúan siendo, una de las familias claves en la estructura financiera e industrial de la España moderna. Con sangre vasca y una gran fe en el trabajo, se instalaron, a comienzos de siglo, en el barrio aristocrático del Retiro, rodeados de las más bellas arquitecturas y jardines de la arquitectura madrileña.
Los Oriol han tenido muy buenos arquitectos en su árbol genealógico. Luis de Oriol y Urigüen fue el encargado de diseñar el buque insignia, con la proa hacia nordeste, mirando de reojo a la Puerta de Alcalá y dispuesto a invadir, en cualquier momento, el mar de árboles del Retiro.
Lo más interesante del proyecto de Oriol es la sustitución de la típica cúpula y torreón de esquina, de inspiración parisina, por una especie de espadaña barroca. Oriol organizó las fachadas de forma muy libre, con asimetrías e impostas interrumpidas en puntos sorprendentes. Para unificar la composición se decidió por una cornisa muy potente que empezaba horizontal por los lados pero que luego, sin previo aviso, daba tres alegres saltos al doblar la esquina para alcanzar la otra fachada. Estos tres saltos, que describen arcos completamente decorativos, cumplen su función de atrapar la atención del paseante y llevar su mirada hacia la *espadaña o peineta* que corona el chaflán.
El edificio respira seriedad, por la ausencia de variaciones cromáticas, al prescindir de ladrillo, cerámica, estucos o empizarrados de cubierta. Un magnífico trabajo de estereotomía fue preciso para tallar la piedra en los infinitos detalles de sus muros.

Detalle de la esquina, con la espadaña coronada por el escudo de armas familiar

Arquitecto:
Emilio Antón, 1913
Situación:
Calle Espalter, 13 y 15

Mientras que en Europa estaba a punto de estallar la Primera Guerra Mundial, en Madrid se vivían momentos felices, con un optimismo que se reflejaba en las fachadas de los nuevos edificios que se levantaban en la Gran Vía y los barrios de Salamanca y

Buen Retiro. En este último, nacido como consecuencia de la enajenación a particulares de los terrenos del viejo palacio del Buen Retiro, levantado por el Conde-duque de Olivares para Felipe IV, se construían las más ricas fachadas de la capital.

En las últimas décadas del siglo XIX, un arquitecto había monopolizado la construcción de edificios de viviendas en este barrio que rodea al Casón del Buen

Retiro, su nombre era José Marañón y su estilo sobrio y elegante era coherente con aquellos años de la Regencia de María Cristina.

La nueva burguesía necesitaba una arquitectura más ornamentada, tal como se hacía en las grandes capitales europeas, entre las que París era el modelo indiscutible. Allí se había desarrollado el estilo llamado de los *Luises*, que derivaba del barroco dieciochesco y tenía indiscutibles ecos del *rococó*.

Emilio Antón intentó competir con otros arquitectos como Joaquín Saldaña o Joaquín Rojí que fueron los grandes triunfadores de esta moda afrancesada. Este edificio de la calle Espalter aprovecha todos los recursos lingüísticos, como balconadas, miradores, molduras entrelazadas y suaves asimetrías para crear una de las más bellas fachadas del Madrid de la época.

Emilio Antón acentuó la verticalidad de la composición utilizando los volúmenes curvos de los miradores y las molduras con guirnaldas de los balcones

Viviendas en Marqués de Villamejor

Arquitecto:
Antonio Palacios, 1914.
Situación:
Marqués de Villamejor, 1

En 1906, había construido Antonio Palacios el número 3 de esta calle del Marqués de Villamejor, que asciende desde el Paseo de la Castellana hasta Serrano. Ahora, casi diez años más tarde, tenía la oportunidad de completar la fachada hacia poniente y asomarse a la Castellana, con un mirador que parece estirarse para poder observar a su hermano mayor, el Palacio de Correos, que su padre común levantaba en Cibeles.

Este edificio, que aparentemente no alcanza un nivel extraordinario, es, sin embargo, el punto de inflexión en la carrera de Palacios y la afirmación de un estilo personal,

que sabría desvincularse del afrancesamiento que imperaba entre sus compañeros, con Saldaña y Rojí a la cabeza.

En la Casa Palazuelo, de la calle Alcalá esquina Alfonso XI, había empleado por última vez una cúpula octogonal para coronar la torre de esquina. Aquí, en el nacimiento de la calle Marqués de Villamejor, decidió que todos sus edificios prescindieran de mansardas y chapiteles, para adoptar una silueta castellana, con la presencia imponente de sus torres del homenaje.

Ya no veríamos plomo, cobre, zinc o pizarra bajo los cielos de los proyectos de Palacios. El propio muro, que tensa sus músculos para mostrarnos su fortaleza, tomará la forma de almena medieval para ir dibujando su ascendente silueta.

Palacios sería el único capaz de conseguir lo que tantos andaban buscando: una arquitectura que pudiera llamarse española, sin acudir ingenuamente a trasnochados regionalismos.

Abajo: Planta de entrada al número 3 de la calle Marques de Villamejor. A la derecha: detalle de la torre del número 1.

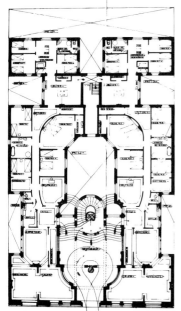

45
Viviendas en Gran Vía

Arquitecto:
Pablo Aranda, 1914
Situación:
Gran Vía, 26

Aranda formaba parte del formidable equipo de arquitectos municipales que dirigía Luis Bellido en los comienzos de nuestro siglo. Ellos fueron los que definieron el nuevo trazado de la Gran Vía y el aspecto formal de algunos de sus mejores edificios. Pablo Aranda había adquirido gran experien

cia profesional en la reconstrucción del Teatro Español, antiguo Corral del Príncipe, en el que habían puesto su talento otros arquitectos, tan antiguos y famosos como Sachetti y Villanueva.

La Gran Vía no se inició, como algunos creen todavía, por su zona de encuentro con la calle de Alcalá, sino que en todo el tramo que llegaba hasta la Red de San Luis se levantaron los edificios en el período 1914-1917, que coincide significativamente con los años de la

Primera Guerra Mundial.
El solar que correspondió a Pablo Aranda tenía muchas posibilidades, al quedar como la fachada a la Red de San Luis de dos calles históricas, las de Hortaleza y Fuencarral, que aquí desembocaron siempre, buscando la céntrica Puerta del Sol a través de la calle de la Montera.
Quizá impresionado ante la categoría de otros arquitectos, como Mendoza y Ussía, Reynals o Sainz de los Terreros, Aranda no supo crear una obra espectacular, reduciendo la decoración a la última planta, con un balcón que corre a lo largo de la fachada y que se une con la cornisa por medio de una bella arquería.
El edificio, al hallarse entre la impresionante mole de la Telefónica y la elevada cúpula del Círculo Mercantil, ha quedado como un fondo neutro, pero muy digno, de la arquitectura ecléctica de principios de siglo.
Aranda construyó en 1922 el número 33 de la Gran Vía, en la esquina con Mesonero Romanos, sin alcanzar el nivel formal de los compañeros que proyectaban por aquellos años en la misma zona.

Arquitecto:
José María Mendoza y Ussía, 1914
Situación:
Plaza de Canalejas, 4

Esta plaza es conocida cariñosamente como las Cuatro Calles, por cruzarse allí las de Sevilla, Príncipe, Cruz y Carrera de San Jerónimo. Este popular apelativo tiene mucha relación con lo que acontece en sus fachadas, construidas por Adaro, Mendoza y Rucabado en los tres estilos arquitectónicos que se sucederían en los primeros años de nuestro siglo. Eduardo Adaro, después de construir el Banco de España en Cibeles, había intentado estructurar su Banco Hispano Americano con pilastras clasicistas, repitiendo molduras y sombras de forma muy sencilla. Era el año 1902 y su colega Antonio Palacios iba a introducir el "monumentalismo" en la arquitectura madrileña. Tras el Hispano de Adaro, las Cuatro Calles iban a cambiar de escala, primero con este edificio Meneses, de 1914 y, dos años más tarde, con el magnífico ejemplo regionalis-

ta de Leonardo Rucabado en su Casa Allende, ocupada más tarde por el Credit Lyonnais.
El edificio Meneses debía relacionar la plaza con la calle del Príncipe, utilizando para ello el cuerpo cilíndrico de esquina y la enorme cúpula, visible desde muy lejos. Un magnífico templete circular, de orden jónico, sería, a partir de ese momento, el tema preferido de Mendoza y Ussía, que lo emplearía en el

resto de su obra y, muy especialmente, en su vibrante esquina de Gran Vía, 6.
El edificio Meneses es el ejemplo más claro de arquitectura monumental. Cuando comprobamos que detrás tan sólo hay un pequeño despacho, porque el solar era mínimo, se afirma nuestra admiración por esta arquitectura escenográfica, que se preocupaba, más que ninguna otra, de construir los espacios públicos de la ciudad.

La novedad introducida por Mendoza y Ussía fue el templete circular, sobre el eje de la esquina, que acentúa la verticalidad del proyecto y multiplica las visiones en perspectiva.

Casa-palacio de Antonio Garay

Arquitecto:
Manuel María Smith, 1914
Situación:
Almagro, 44

Madrid debe mucho a los vascos. Tanto empresarios como arquitectos, originarios de las emprendedoras tierras de Euskadi, han ido dejando en nuestra ciudad las muestras de su talento para el arte y los negocios.
El bilbaíno Manuel María Smith e Ibarra había nacido en el año 1879, en el seno de

una familia con sangre irlandesa. Cuando llegó el momento de estudiar una carrera, sus preferencias se dirigieron hacia la de Arquitectura, que realizó en Madrid, habitando en casa de una de las familias vascas de mayor influencia en los negocios de la capital, los Oriol.
En el ambiente de los Oriol se vivía con entusiasmo el debate arquitectónico, pues uno de sus miembros, Luis de Oriol y Urigüen estudiaba también nuestra carrera. Manuel María Smith podía disfrutar de la camaradería sincera entre los

numerosos arquitectos, de su generación y la siguiente, que firmaron, con sus apellidos vascos, muchos de los proyectos estelares del comienzo de siglo madrileño. Recordemos Martínez de Abaria, Anasagasti, Bastida y Bilbao, Eznarriaga, Flórez Urdapilleta, Iradier, Monasterio Arrillaga, del Palacio Elisagüe, Olabarría, o el mismo Zuazo, que sería el director de las obras de Manuel María Smith en Madrid.
En la Encomienda de Clavería, situada en la provincia de Cáceres, estaba construyendo Smith un enorme cortijo para don Antonio Garay Vitorica, cuando éste decidió crear otra de sus numerosas residencias en la calle Almagro de Madrid. De esta forma surgió el encargo para la casa Garay, aprovechando el arquitecto la enorme fortuna de los propietarios para financiar la obra más cuidada de cuantas se pusieron en marcha durante los años de la Primera Guerra Mundial.
Smith pensaba que la buena arquitectura no podía hacerse con piedra artificial, engañando a la historia con materiales de segunda categoría. Fue eligiendo los diferentes tipos de piedra según la textura que necesitaba para cada fragmento de la fachada. Piedra berroqueña para el basamento, arenisca en las tres plantas del palacio y de Pretel en las embocaduras de huecos y en todos los detalles ornamentales que necesitasen una fina labra.
La Casa Garay, de Manuel María Smith, y la Casa Allende, de Leonardo Rucabado, son las obras maestras de la arquitectura regionalista.

Viviendas en Serrano – Hermosilla

Arquitecto:
Joaquín Saldaña, 1915
Situación:
Serrano, 25

Cuando los arquitectos paseamos por las ciudades sentimos la misma curiosidad que los pintores en un museo. Si ellos se detienen, de pronto, ante un cuadro que les ha llamado la atención, ya por su técnica, ya por su composición, nosotros también nos paramos a menudo por la calle para recrearnos en los detalles que inventó algún compañero, cuyo nombre quizá desconocemos, y que nos asombran por su finura y su perfecta terminación.

En los años de la *Belle époque* Madrid quiso parecerse a París, para intentar captar la magia de una ciudad en la que todas las diversiones eran posibles. La calle de Serrano se convirtió en el eje de los comercios elegantes al aprovechar la adinerada clientela del barrio, creado en el siglo anterior por el marqués de Salamanca.

Los grandes palacetes no se construyeron en la calle Serrano sino en Velázquez o Príncipe de Vergara, aprovechando, a veces, manzanas enteras como en el caso de la actual Embajada de Italia. Nuestra fascinante calle Serrano se vió favorecida por una arquitectura de mayor densidad, que creaba una fachada continua de varios kilómetros y que fue salvajemente destruida en los años 60 con un urbanismo vandálico como el de los almacenes Sears, luego Galerías Preciados.

Los arquitectos que mejor entendieron la estética francesa fueron Joaquín Saldaña y Joaquín Rojí. Ambos tenían el talento imprescindible para caminar por la cuerda floja, entre el lujo y la elegancia, sin caer al vacío de la ostentación.

En estas fachadas ocurren muchas cosas. Son como obras teatrales con un argumento muy dinámico y entretenido. Es muy fácil entender por qué nos gustan estos edificios y nos aburren tremendamente las viviendas de los 70 y 80. La diferencia radica entre acudir a disfrutar de una comedia de *bulevar* o a sufrir la trascendencia de *Esperando a Godot*. Añoramos aquella época en la que todas las artes buscaban la comunicación *caliente* y no el *frío* distanciamiento intelectual.

El muro se ondula, tanto en la vertical de los muros como en la línea de cornisa. Los balcones de hierro se transforman en una balaustrada continua que recorre la última planta. Las fuertes pendientes de la cubierta nos hacen soñar con las mansardas parisinas. Los variados detalles ornamentales cumplen su misión de hacer vibrar las fachadas con sus cambiantes reflejos.

Arquitectos:
Demetrio Ribes, 1915
Pabellones comerciales en el
Paseo del Rey.
Luis Martínez Díaz, 1926.
Cabecera de la estación en el
Paseo de San Vicente

En uno de los paisajes más
bellos de la ciudad de Madrid,
situado a orillas del
Manzanares y en las pendientes ajardinadas que descienden desde Rosales, se encuentra la Estación del Norte, conjunto arquitectónico de primer orden, que mantiene
intacto el aire de principios de
siglo.

Para poder contemplar en
todo su encanto esta zona de
Madrid, hay que subir hasta
el Palacio Real, traspasar sus
verjas y entrar en la Plaza de
la Armería, Aquí empezó la
historia de nuestra ciudad,
aprovechando la abrupta cornisa sobre el río para construir una fortaleza militar.
Todo eran bosques de enci-
nas, tal como se conservan en
la Casa de Campo. En 1877,
para comunicar Madrid por
ferrocarril con el norte de
España se creó esta estación
que recibiría el nombre de
Príncipe Pío, por ocupar los
antiguos jardines de su bello
palacio barroco.

La primitiva estación se fue
completando con edificaciones
anejas, como la cabecera de
1926, proyectada por Luis
Martínez Díaz, o estos bellos
pabellones de estilo modernista, dibujados por Demetrio
Ribes, el autor de la Estación
de ferrocarril de la ciudad de
Valencia.

Las vías del Ferrocarril del
Norte salen de Madrid entre
el río Manzanares y la ermita
de San Antonio de la Florida,
a su izquierda, y el Parque
del Oeste, con su vieja
Fábrica de Porcelana de La
Moncloa, remodelada por Luis
Bellido, a su derecha. El
haber mantenido la belleza y
frondosidad del entorno se ha
debido a la propiedad pública
de la Casa de Campo y los
parques bajo el Paseo de
Rosales.

Si alejamos la mirada, alcan-
zamos a ver los bosques de El
Pardo y la silueta de nuestra
Sierra de Guadarrama, con
las montañas que han dado a
Madrid, desde sus orígenes
hasta el momento actual, el
agua y oxígeno que necesitaba.

El cuerpo de entrada a la
estación se estructura con dos
torres de esquina, de planta
octogonal, cubiertas por brillantes cúpulas de zinc. Las
caras de las torres alternan el
tema del arco coronado por
frontón triangular, con el del
pórtico in antis, es decir,
columnas enrasadas en el
muro, como tantas veces
había empleado Juan de
Villanueva.

Arquitecto:
Eduardo Sánchez
Eznarriaga, 1915
Situación:
Atocha, 14

Mientras que en Europa se desataba con toda su crueldad la Primera Guerra Mundial, los empresarios de Madrid y Barcelona se enriquecían con exportaciones masivas a los países contendientes.

Como corría mucho el dinero, proliferaron todo tipo de restaurantes y salas de espectáculos, como este teatro que se llamó Odeón en un primer momento de euforia hedonista, para pasar luego al de Calderón, más serio y acorde con la sobriedad de los años 40.

El arquitecto Eduardo Sánchez Eznarriaga recibió este encargo cuando aún no disponía de mucha experiencia profesional, pero supo enseguida aprovechar la forma rom-

boidal del solar para situar en diagonal el teatro y conseguir un gran número de butacas. La calle Doctor Cortezo había sido abierta recientemente para unir directamente las plazas de Benavente y Tirso de Molina. Justo en el solar del Teatro Calderón existía un convento que hubo de ser destruido.

Eznarriaga intentó hacer un edificio alegre, como correspondía a su función de sala de espectáculos, e introdujo en la decoración abundantes relieves femeninos, así como grupos de angelitos sobre los frontones de la planta principal.

La torre de la esquina no pudo construirse tan esbelta como Eznarriaga la había proyectado y el perfil de la cúpula queda demasiado chato, perdiendo la posibilidad de que el Teatro fuera una obra llamativa desde una visión a distancia.

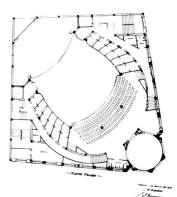

Arriba: Planta primera del Teatro Calderón. La utilización de la diagonal del solar como eje de simetría del proyecto permitió insertar la tipología del teatro con forma de herradura.

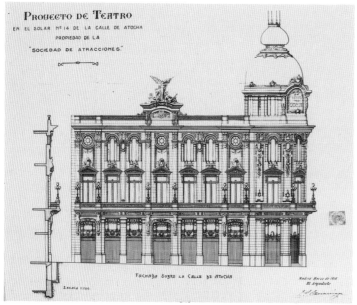

A la izquierda: dibujo original de Eduardo Sánchez Eznarriaga representando el alzado a la calle de Atocha y una esquemática sección del muro de fachada, con el balcón corrido a lo largo de toda la planta principal.

A la derecha: detalle de la fachada a la calle Doctor Cortezo, con una acertada combinación de elementos clasicistas y otros tomados de la arquitectura francesa de principios de siglo.

Viviendas en Gran Vía para la Estrella

Arquitecto:
Pedro Mathet, 1916
Situación:
Gran Vía, 10

La Gran Vía, especialmente en su tramo inicial, es uno de los conjuntos urbanos más homogéneos de la historia de las ciudades europeas.
A pesar de las particulares diferencias entre los proyectos, un mismo espíritu decorativo vibra en sus fachadas, apasionante tema para

Antonio López, nuestro mejor pintor hiperrealista.
Los arquitectos famosos, como Reynals, Mendoza y Ussía, Laredo o Gambra, estaban trabajando en la Gran Vía cuando Pedro Mathet comenzó sus esbozos para estas viviendas de alquiler que le encargaba la compañía de Seguros La Estrella.
Habían pasado tan sólo ocho años desde su fachada modernista de la calle Mayor y ahora su lenguaje estaba más cerca del barroco, con fronto-

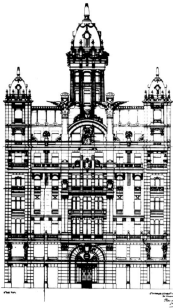

nes curvos y cornisas rotas. Sin embargo, sus recursos profundos continuaban siendo los mismos: una gran balaustrada sobre la planta baja y dos torreones preciosos, arriba y en los extremos. Mathet sabía que si lograba separar nítidamente los diferentes territorios de sus fachadas, cualquier detalle ornamental, cualquier grupo escultórico, tendrían cabida en el proyecto. Los torreones serían como la marca de fábrica, la firma reconocible del arquitecto.

PLANTA DE PISO 4:

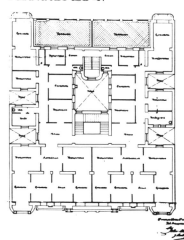

52
Casa Allende

Arquitecto:
Leonardo Rucabado, 1916
Situación:
Plaza de Canalejas, 3

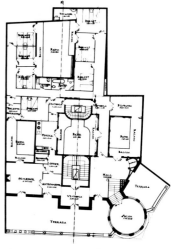

Cuando Rucabado llegó a
Madrid, procedente de
Santander, para estudiar las
condiciones del solar en que
iba a proyectar la casa de don
Tomás Allende, se encontró
con un bello edificio colindante en construcción. Era una
gran fachada, con muy pocos
metros cuadrados detrás, que
había dibujado José María
Mendoza y Ussía para la Casa
Meneses. Rucabado encontró
en ella un punto de partida
para las líneas generales de la
composición. Su proyecto y el
de Mendoza deberían formar
una de las caras curvas de
esta bella plaza, conocida
como las Cuatro Calles, por el
número de las que allí se cru-
zaban.
Rucabado había conseguido
distinguirse como el adalid del
regionalismo cántabro, y su
repertorio formal era enorme,
utilizando temas de nuestra
arquitectura gótica y renacentista, junto a unidades temáti-
cas de nuestra construcción
popular, como el mirador de
madera labrada, que protago-
niza la fachada a la Carrera
de San Jerónimo.
Si Mendoza y Ussía había
definido las tres líneas horizontales básicas de los alzados, Rucabado las continuaría, manteniendo la planta
baja y entresuelo como unidad
comercial al nivel de la calle y
concentrando los detalles
decorativos en el cuerpo principal y ático.
Los dos proyectos representan
dos lenguajes opuestos pero
incluidos en una misma forma
de actuar en la ciudad. Hasta
nuestro siglo, tan sólo tenían
carácter monumental las iglesias, los palacios y algunos
edificios públicos como la
Cárcel de Corte. A partir de
nuestra propia revolución
burguesa, retrasada cien años
con respecto a Europa,
comienzan a ser monumenta-
les también las viviendas de
alquiler para clases altas, e
incluso los inmuebles de oficinas, como este mismo de
Mendoza y Ussía, junto al
proyecto de Rucabado que
estamos analizando.
El deseo de ostentación de la
burguesía conducía a estas
arquitecturas repletas de refe-
rencias a los palacios de la
aristocracia.

Arquitecto:
Eladio Laredo, 1916
Situación:
Gran Vía, 1 y 3

La Gran Vía era para nuestros abuelos como abrir un canal de navegación que comunicase Cibeles con la recién creada calle de la Princesa. Todo lo entendían en términos fluviales. Al no tener un río importante, ni mar, por supuesto, se les ocurrió hacer esta enorme excavación sobre el tejido urbano que se había ido formando, muy despacio, desde los lejanos años de Felipe II. Los abuelos tuvieron la suerte de que los primeros edificios de la Gran Vía, como éste de Eladio Laredo o el de Metrópolis de los Fèvrier, nacieron con forma de proa de barco, tanto por la geometría de la parcela como por la enor-

me pendiente que baja hacia Cibeles.

La mejor arquitectura nace cuando las condiciones son más difíciles. La tensión del proyecto hace que el arquitecto saque a relucir su talento. Aquí Laredo supo concentrar la fuerza del conjunto en el templete que corona el cuerpo cilíndrico de la esquina. Como un faro que iluminara el mar de la ciudad, esta rotonda de finas columnas sería el anuncio de que la Gran Vía había comenzado a existir, tras una gestación de muchos años. Como dos inmensos barcos cuyas proas miran hacia la Puerta de Alcalá, las manzanas entre Alcalá y Caballero de Gracia y entre ésta y la Gran Vía rompen con la tradicional frontalidad de la arquitectura para convertirse en esbeltas figuras arquitectónicas, que han creado, quizá sin saberlo

ellas mismas, uno de los lugares mágicos de nuestra ciudad. Eladio Laredo había construido tres años antes el Palacio Bermejillo en estilo *Monterrey*. Aquí emplea un lenguaje decorativo propio, con profusión de arcos sobre columnas emparejadas.

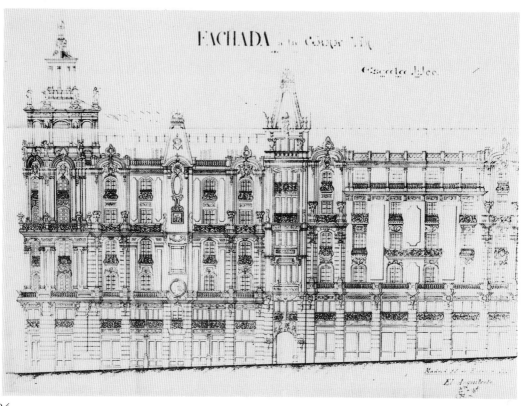

54
Casino Militar

Arquitecto:
Eduardo Sánchez Eznarriaga, 1916
Situación:
Gran Vía, 13

El Casino Militar ocupaba el solar del actual Hotel Reina Victoria de la Plaza de Santa Ana hasta que se decidió su traslado a la nueva Gran Vía que se había abierto a comienzos del siglo, y que ahora empezaba a completarse en su primer tramo, desde Alcalá hasta la Red de San Luis.
En el periodo 1914-1917, la neutralidad española en la Guerra Mundial produjo inmensos beneficios económicos. Como consecuencia de este hecho podemos comprobar que casi todos los edificios de interés del reinado de Alfonso XIII coinciden con ese breve paréntesis de euforia financiera.
Eznarriaga estaba aún terminando el Teatro Calderón cuando se iniciaron las obras de este Casino Militar. En tan sólo un año había aprendido que lo principal en un edificio era la esquina y que con una correcta solución de ésta tenía asegurado el éxito del proyecto.
El Casino Militar sería tan sólo un edificio discreto sin el original tema del chaflán, en el que se superponen la entrada bajo marquesina, balcón convexo y remate cóncavo con un torreón que está girado 45 grados con respecto a las fachadas de Gran Vía y Clavel, renunciando a la típica solución cilíndrica.
Eznarriaga trabajaría posteriormente en los chalets de la Urbanización Metropolitana, sobre las lomas de la Ciudad Universitaria, y en el famoso Teatro Alcázar de la calle de Alcalá, confirmando su habilidad para los edificios dedicados al espectáculo.

Arquitecto:
José Espelius, 1915
Situación:
Paseo del Prado, 3

El Paseo del Prado había cambiado drásticamente de escala con la construcción de la nueva Casa de Correos, conocida con el amable apelativo de *Nuestra Señora de las Comunicaciones*. El Palacio de Linares, en la acera de enfrente, quedaba reducido al tamaño de una hormiga.

Este cambio de escala permitió que las nuevas fachadas del Ministerio de Marina, proyectadas por José Espelius, no desentonasen en un conjunto urbano que había sido creado por los mejores arquitectos de nuestro *Siglo de las Luces*, como Ventura Rodríguez, Sabatini y Juan de Villanueva. José Espelius era un arquitecto ecléctico, que gustaba de combinar ventanas, arcos y ornamentos de las más variadas fuentes. Pero la arquitectura ecléctica mal entendida conduce inevitablemente a una excesiva confusión ornamental que enmascara la falta real de ideas volumétricas y tipológicas.

Si el edificio de Correos está repleto de sugerencias, con diversos escalonamientos, giros y asimetrías, el Ministerio de Marina es mucho más discreto, excepto en la bella torre que sobresale de la línea de cornisa para anunciarse en el perfil de la ciudad, como lo hacían antiguamente los campanarios de las iglesias.

Espelius fue el arquitecto de otros edificios grandilocuentes como el Ministerio de Educación, en la calle Alcalá, o el Instituto Geológico y Minero de Ríos Rosas, junto a la obra maestra de la Escuela de Minas, construida por, Ricardo Velázquez Bosco.

Convento de Carmelitas

Arquitecto:
Jesús Carrasco Muñoz, 1916
Situación:
Ferraz, 1

Jesús Carrasco Múñoz, arquitecto dedicado a edificios de carácter religioso, nada tiene que ver con Jesús Carrasco y Encina, contemporáneo suyo, que trabajó en la línea estilística del modernismo.

Los Carmelitas de la calle Ferraz se debían asentar sobre un terreno de fuerte pendiente hacia el Manzanares, por lo que la altura real de la basílica, en la parte del ábside, es enorme.

Las fachadas se adornaron con motivos neo-medievales que enmarcaban los huecos de ventanas y que servían para configurar un arco entre las dos torres de entrada a la iglesia.

Carrasco, consciente de que la cúpula sería el elemento más visible del conjunto, acertó en utilizar mosaicos de colores amarillos, naranjas y rojos que brillan con la puesta de sol, en la magnífica imagen de conjunto que tiene Madrid desde la Casa de Campo.

El inicio de la calle Ferraz, desde la Plaza de España se completaba así de forma prometedora, con la Casa de Gallardo, del modernista Arias Rey en un lado y los Carmelitas de Carrasco en el otro.

El resto de edificaciones religiosas de Jesús Carrasco son el Jesús de Mecinaceli, junto al Hotel Palace, con el correspondiente convento de Capuchinos, la iglesia de la Concepción de la calle Goya y las Arrepentidas de la calle Hortaleza.

A la izquierda: vista en escorzo del edificio destinado a Ministerio de Marina y Museo Naval.

A la derecha: vista frontal de la iglesia de los Carmelitas en el inicio de la calle de Ferraz. Los elementos medievales se combinan acertadamente con evocaciones de la arquitectura bizantina.

57
Casa Urquijo

Arquitecto:
José Mª Mendoza y Ussía, 1917
Situación:
Gran Vía, 6

Fachada a calle de Víctor Hugo

Todos los arquitectos deseaban trabajar en la Gran Vía. Conseguir allí una gran obra equivalía a salir en las primeras páginas de las revistas, con toda la popularidad que ésto traía consigo. Los solares eran propiedad de las compañías de seguros y de algunos particulares dedicados a la inversión inmobiliaria.

Fue Eduardo Reynals el primer arquitecto que logró grabar su nombre en la nueva Gran Vía, con edificios tan bellos como el Hotel Roma, el de Chicote, en los números 12 y 14, y el de la compañia de seguros La Estrella, en el nº 7.

Reynals había abierto de par en par las puertas del eclecticismo, pues todos sus edificios eran distintos, aprovechando unos el modernismo, mientras que otros recordaban el renacimiento o los regionalismos norteños.

Cuando Mendoza y Ussía comenzó a dibujar sus primeros bocetos, para mostrarlos a don Juan Manuel de Urquijo, tenía en mente un tipo de arquitectura muy vigorosa, con volúmenes curvos en las esquinas, pilares de gran sección y ausencia casi total de ornamento. En su última obra, la casa Meneses, en las Cuatro Calles, había incorporado figuras humanas y bellísimos capiteles metálicos, pero el desproporcionado coste de la fachada con respecto al total de la obra le había obligado a prescindir de los escultores.

Justo en frente de él, su colega Eladio Laredo, iniciaba el edificio Grassy, desde un planteamiento opuesto, con la filigrana decorativa como principal arma del diseño. Otro compañero, el modernista Pedro Mathet levantaba de cimientos una de sus grandes obras, en el nº 10 de esta misma Gran Vía, para la compañía la Estrella, mientras que Eduardo Sánchez Eznarriaga, también en 1916, construía el nuevo Casino Militar, que se trasladaba desde la Plaza de Santa Ana. Mendoza y Ussía prefería emplear pocos elementos pero llevarlos hasta sus últimas consecuencias, como la bellísima rotonda, en la coronación de la esquina, o la *loggia* de la última planta, en la fachada hacia la Gran Vía. Por falta de presupuesto no pudo realizarse la cúpula que él había dibujado.

Arquitecto:
Joaquín y Luis Sainz de los Terreros, 1918
Situación:
Gran Vía, 24

La Gran Vía fue una calle maravillosa. Quienes hemos vivido sus últimos años de esplendor, añoramos aquellos edificios llenos de vida, con hoteles todavia nuevos, oficinas modernas, bares de moda, como Chicote, restaurantes de lujo y cines fantásticos. Luego todo empezó a cambiar, y hasta la magnifica joyería Aleixandre, todo un simbolo, se convirtió en una deprimente hamburguesería.

Cada dos años, el equipo municipal de turno comunica a la prensa una campaña para devolver a la Gran Vía su perdido prestigio como eje vital de Madrid. Fáciles promesas, nunca cumplidas.

Viene esto a colación por el lamentable estado de abandono del Circulo de la Union Mercantil, la obra más importante de los hermanos Joaquín y Luis Sainz de los Terreros. Ellos se habian presentado al concurso con la esperanza de olvidar su fracaso en la anterior convocatoria del Casino de Madrid. Obtuvieron el primer premio y se volcaron en la construcción del edificio. Luis tuvo que abandonar durante un tiempo su despacho de dirección en la revista *La Construcción Moderna* para dedicar todo su esfuerzo a las obras.

El Circulo de la Unión Mercantil e Industrial se organiza alrededor de un patio central cubierto, como lo habia hecho el Casino de Madrid, que servía de modelo a los hermanos Sáinz de los Terreros. Ambos edificios tenían una finalidad semejante: acoger las actividades de recreo de un grupo de personas, organizadas en forma semejantes a los *clubs* londinenses. Hasta entonces las reuniones de amigos y compañeros se habían realizado en los cafes, pero al comenzar el siglo fueron naciendo estos edificios, aprovechando zonas como la Gran Vía y la calle de Alcalá. Si Grases Riera terminaba el *New Club* de Alcalá esquina Cedaceros en 1893, Esteve y Sallaberry concluían las obras del Casino, en la acera de enfrente, hacia 1910. Luego el arquitecto Eduardo Gambra se encargaría de proyectar la *Gran Peña* en el nº 2 de la Gran Vía, iniciada en 1914. Tocaba ahora a los hermanos Sainz de los Terreros continuar este proceso edificatorio que venía motivado por el auge de la alta burguesia, y su deseo de codearse con la aristocracia, formando pequeños grupos elitistas.

Vista de la coronación del Circulo Mercantil.

Arquitecto:
Antonio Palacios, 1919.
Situación:
Alcalá, 42.

Palacios se había presentado al concurso para el Círculo de Bellas Artes con un proyecto muy arriesgado, de escala faraónica, con el que pensaba impactar al jurado y obtener una respuesta muy definida: o de absoluto rechazo o de apoyo incondicional. No había respetado ni las reglas del concurso, ni las ordenanzas de la zona, ni las normas más usuales de simetría, composición jerárquica y acentuación vertical de la esquina.

El jurado, asombrado por la riqueza figurativa de Palacios, pero asustado por su incumplimiento de las bases, declaró desierto el primer premio llegando a un acuerdo privado con él para la definitiva realización del edificio. Palacios deseaba aprovechar un programa tan singular y variado, como el requerido para Círculo de Bellas Artes, porque sabía que esta ocasión no volvería a repetirse. Le llegarían encargos de viviendas,

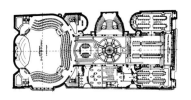

Planta principal

oficinas y sedes bancarias, con exigencias de uso muy estrictas. Para el Círculo podía dejar que su imaginación se desbordara, con espacios para tertulias, bailes, dibujo, teatro, lectura, exposiciones, restaurante, bar, gimnasio y pista de patinaje. Palacios seguía obsesionado con la imagen de un faro altísimo que iluminaba la noche de la ciudad con sus potentes rayos de luz. Así había dibujado la torre de Correos en Cibeles y con ella había ganado su primer concurso. Ahora en el Círculo de Bellas Artes situaba la torre en una zona prohibida para el resto de sus compañeros: en el interior de la planta, acercándose peligrosamente a la medianera. Palacios pensaba en su edificio como una ciudad dentro de la ciudad. De igual forma que sucedía en las calles, donde se iban juntando por azar diversos tipos de estilo, con sus propias reglas compositivas, Palacios superponía las diferentes piezas de su invento, sin mantener un eje de simetría vertical ni un escalonamiento de masas en forma de pirámide.

La revolución formal de Palacios era como jugar al ajedrez con las mismas piezas de siempre pero cambiando el tablero cuadrado por otro asimétrico. La parte superior del Círculo de Bellas Artes, al prescindir de la frontalidad, consigue entrar en diálogo con toda la ciudad y no sólo con el entorno más inmediato de la calle Alcalá.

60
Casa Matesanz

Arquitecto:
Antonio Palacios, 1919.
Situación:
Gran Vía, 27

Hasta 1919 la Gran Vía iba creciendo desde la calle de Alcalá como una trinchera de lujo en la terrible batalla entre la ciudad vieja y las nuevas exigencias de un tráfico que empezaba a ser caótico. Cuando Antonio Palacios proyecta este edificio se produce una verdadera revolución formal en el panorama de nuestra arquitectura. Ante la exigencia de definir un espacio para uso de oficina no valían las viejas fórmulas decorativas de las casas-palacio o las casas de alquiler. Mientras que sus compañeros de profesión utilizaban los miradores, arcos y columnas como simples adornos que servían para ocultar su carencia de ideas, Palacios los transforma en un nuevo orden arquitectónico, con una escala monumental, y con un carácter modular y repetitivo, coherente con la revolución industrial que, por fin, había llegado a España.

Esta arquitectura tiene un extraño poder: el de gustar a todos los habitantes de la ciudad. Es la cumbre, quizá irrepetible, a la que puede llegar una pieza del rompecabezas urbano. Del mundo moderno posee la transparencia del cristal, la unidad volumétrica y la sinceridad de su mensaje. Del mundo clásico conserva las unidades figurativas que hacían de la arquitectura un arte tan popular como el teatro o la música.

Palacios creó unas nuevas reglas del juego para la arquitectura madrileña. Dividió los edificios en las tres alturas clásicas: basamento, cuerpo principal y ático. Sabía que en el teatro se empleaban desde los griegos las tres unidades de planteamiento, nudo y desenlace. El planteamiento teatral equivalía al basamento, con sus escaparates y carteles, que sirve para el primer contacto del ciudadano con el edificio.

Arquitecto:
**Jesús Carrasco y Encina,
1919**
Situación:
**Plaza de Santa Ana y
Plaza del Angel.**

Al decidirse el traslado del viejo Casino Militar a la nueva Gran Vía, quedó el solar libre para un nuevo uso y fue la compañía Almacenes Castañer y Marín la que decidió encargar a Jesús Carrasco un hotel de viajeros con dos plantas comerciales a la altura de la calle.

Carrasco había iniciado su carrera profesional con el bello pórtico modernista de la calle Larra 14 pára el semanario Nuevo Mundo y había continuado su experiencia modernista con la Botica de la Reina Madre, en las proximidades de la Plaza de la Villa,

La arquitectura hotelera había sido iniciada por arquitectos franceses como Mewes en el Ritz y Monnoyer en el Palace. Correspondía a los profesionales españoles el reto de superar los modelos afrancesados. El Hotel Reina Victoria es uno de los más bellos edificios de Madrid. Sus series de miradores acristalados convierten las fachadas en algo transparente que invita al sueño y la nostalgia. La torre de esquina, con el faro esférico de coronación, continúa la tradición modernista de los faros que iluminan las noches de la ciudad, como si las calles fuesen caminos entre el oleaje. Junto a fragmentos modernistas aparecen detalles escultóricos sobre la cornisa que evocan la Secesión vienesa y aquel gran maestro que fue Otto Wagner.

El Hotel Reina Victoria, a pesar de su mayor escala con respecto a los edificios próximos, respeta el ambiente del viejo Madrid reflejando como un espejo los colores y modulaciones del entorno y creando un foco de atención en la esbelta torre-faro que articula el encuentro entre las dos plazas.

A la izquierda: vista en escorzo de las habitaciones del hotel que miran hacia la plaza de Santa Ana.

A la derecha: vista de la torre-faro, diseñada por Carrasco en la línea modernista de la mayor parte de las ciudades europeas. Estas torres fueron muy utilizadas por los Cinematógrafos de principios de siglo como un elemento publicitario.

Arquitecto:
Ricardo Bastida, 1919
Situación:
Alcalá, 16.

Si la *City* es en Londres el barrio de los bancos y las grandes compañías de seguros, en Madrid cumple este papel el fragmento de la calle Alcalá que discurre entre Sol y Cibeles.

Iniciando nuestro paseo financiero por el Ministerio de Hacienda, antigua Real Casa de la Aduana, podemos explicarnos esta predilección de las entidades bancarias por acercarse al edificio desde el que se controla la economía del país.

Cuando el Banco del España terminó su sede central de Cibeles, en 1891, con el magnífico proyecto de Eduardo Adaro, quedaba definido el otro extremo del territorio a colonizar por la banca española.

El edificio de La Equitativa, de Grases Riera, fue ocupado por el Banco Español de Crédito (Banesto). Al lado levantaría Adaro el Hispano Americano y Urioste el primitivo

Credit Lyonnais, que tenía fachadas a esta calle de Alcalá y a la Carrera de San Jeronimo.

El Banco del Río de la Plata, hoy Central, sería, en el terreno estético, el edificio más revolucionario de la nueva tipología bancaria. El arquitecto Antonio Palacios impondría el orden gigante de sus columnas, de la misma forma que lo habían hecho sus colegas de Chicago y Nueva York.

Ricardo Bastida y Bilbao estaba muy influenciado por el Banco del Río de la Plata, cuyas obras se habían iniciado en 1910 y habían mantenido en vilo a toda la profesión, pues era el primer caso en España en el que desaparecían los muros, para dejar sitio a unas esbeltas columnas que, además, hablaban un lenguaje clasicista y monumental.

Así surge el proyecto de Bastida para la sede central del Banco de Bilbao. Por un lado la inspiración en el orden gigante de Palacios y, por otro, la curvatura sugerente de la esquina, que tensa, como un arco, la superficie vertical de su principal fachada.

Bastida disoció las plantas de los alzados, buscando en las primeras una organización alrededor de un patio circular de operaciones, y estructurando las segundas como pantallas puramente escenográficas.

Bastida pensaba que la arquitectura y la escultura eran artes complementarias. Las cuádrigas que inician su carrera hacia el vacío son de Basterra y las simbólicas figuras de la fachada, de Quintín de la Torre.

Oficinas Arenal – Mayor

Arquitecto:
Antonio Palacios, 1919.
Situación:
Mayor, 4; Arenal, 3

Las obras de Palacios se levantaban por todo Madrid. Su éxito profesional le había llevado a recibir varios encargos importantes por año. En 1919, además de este edificio comercial y de oficinas, inició la reforma del edificio del Consejo Superior de Arquitectos, en Castellana, 10 y 12, el edificio Matesanz en Gran Vía, 27 y el Círculo de Bellas Artes de la calle Alcalá. Tras su gran innovación del Banco del Río de la Plata, hoy Central, con su orden gigante de columnas, que sirve para ordenar la fachada con una escala monumental y crear grandes franjas verticales de cristal, se lanzó por este camino que resultaba tan novedoso en el afrancesado Madrid de principios de siglo. Frente a una arquitectura blanda, de formas y colores suaves, Palacios imponía la dureza de una líneas rotundas, nacidas de la propia esencia del proyecto, uniendo de nuevo, como en el mejor Neoclasicismo de Juan de Villanueva, estética y construcción, sintetizando ambas en un mismo resultado: el arte de la Arquitectura. Las formas curvas eran reservadas para el interior, donde se abre un patio ondulado, con unas bellas galerías que sirven de acceso a un conjunto de despachos y pequeñas tiendas, antecedente de los actuales Multicentros.
Si en la Casa Matesanz de la Gran Vía empleaba Palacios pilares bajo arcos para ordenar la fachada, aquí empareja las columnas y sustituye el ritmo curvo de las arquerías por la sobriedad de una cornisa horizontal.
Continuando con su línea antifrancesa prescinde de mansardas y cúpulas empizarradas, definiendo con dos sobrios torreones los límites laterales de su territorio.

A la izquierda: detalle de la fachada a la calle Mayor. Palacios diseñó un original capitel, en piedra artificial, que coronaba dos columnas con una sola pieza.

Arquitecto:
**Eduardo Sánchez
Eznarriaga, 1920**
Situación:
Alcalá, 20.

Entre los espacios arquitectónicos dedicados al espectáculo, El Alcázar destaca como uno de los más grandes, al haber sido proyectado por Eznarriaga combinando un conjunto de volúmenes, encajados en una sección muy brillante, que deberían acoger diferentes tipos de actuaciones, desde las zarzuelas y revistas de la sala principal, hasta las pequeñas orquestas de baile en las profundidades de los sótanos.

Eznarriaga se había especializado en este tipo de proyectos, dedicados al ocio de los madrileños. De su primer trabajo en el difícil solar del Teatro Calderón había aprendido a multiplicar, como un mago, las posibilidades espaciales de los recintos teatrales.

El proyecto era muy difícil, por presentar una fachada muy estrecha a la calle de Alcalá, comparada con la enorme dimensión del fondo de la parcela, que alcanzaba hasta la calle de Arlabán. Eznarriaga organizó el frente con una hábil partición en tres franjas horizontales, la más baja para el acceso del público, la planta noble, para el ostentoso despliegue de una decoración de lujo, y la parte superior para configurar una silueta que identificase al teatro y que terminaba en una esfera brillante, con la palabra Alcázar soportada por cuatro impresionantes atlantes.

En la sección, el arquitecto consiguió superponer tres edificios, uno sobre otro, con el Casino o Salón de Baile en los sótanos, el teatro en la parte intermedia y un grupo de viviendas en la zona superior, hasta llegar a colmar el volumen permitido por la ordenanza.

Tenemos la suerte de que El Alcázar continúa siendo un edificio vivo, que sigue ofreciendo a los nietos de aquellos primeros espectadores, los mismos momentos de optimismo y magia que siempre van unidos a nuestras revistas y comedias.

A la derecha: parte superior de la fachada del Alcázar a la calle de Alcalá. En su origen, la cúpula representaba el globo terráqueo y era soportada por cuatro atlantes.

Arquitecto:
Joaquín Saldaña, 1920
Situación:
Gran Vía, 38

Igual que en pintura hubo revolucionarios como Picasso y maestros de la belleza como Ingres o Renoir, en arquitectura convivían los innovadores, como Antonio Palacios, con los eficaces, como Joaquín Saldaña.
Es la Gran Vía un fabuloso

Museo de Arquitectura, que está aún por descubrir, debido a las capas de polvo que cubren sus fachadas. Las *Meninas* de Velázquez han revivido con su reciente restauración. *La Capilla Sixtina* de Miguel Angel es otra distinta desde que los especialistas suprimieron las oscuras veladuras y las telas superpuestas que tapaban los cuerpos desnudos. ¿Por qué no hacer lo mismo con nuestra arquitectura?. Limpiarla con cuidado,

eliminando anuncios o añadidos infames.
Saldaña había cubierto Madrid de un sinnúmero de palacetes en el estilo denominado de los *Luises* por inspirarse en las formas del arte francés de los siglos XVII y XVIII. Este hotel de la Gran Vía sería la culminación de su carrera. Quería demostrar a todos que era un mago del dibujo. Realizó cientos de bocetos con frontones partidos, columnatas rectas y curvas, miradores convexos o poligonales, y pilastras de orden gigante, con bellísimos capiteles corintios, que soportaban todo tipo de entablamentos.
Recorrer con la mirada este edificio de Saldaña equivale a efectuar un viaje por el mundo visual de la *bélle époque*, culminación de un proceso figurativo que buscaba en la arquitectura el símbolo del lujo y el bienestar. Pocos años más tarde, el *Movimiento Internacional* acabaría, de forma drástica, con este lenguaje de siglos para entrar de lleno en la abstracción de su desnuda geometría.

A la izquierda: detalle de la fachada del hotel Atlántico a la Gran Vía.

A la derecha: detalle de la torre.

Arquitecto:
Cayo Redón, 1920

Es éste sin duda uno de los más bellos edificios de Madrid, tanto por la calidad del diseño decorativo como por la increíble habilidad para el tratamiento de los colores sobre el estucado de la fachada, respetando el entorno tradicional, en las proximidades del Palacio Real y la Plaza de Oriente.

El encargo surgió por la necesidad de transformar un edificio de viviendas, ya existente, en la casa-palacio de don Ricardo Angustias. El arquitecto Cayo Redón, quien más tarde, en el año 1922, confirmaría su talento en el proyecto de Serrano, 22, frente al Museo Arqueológico, inició los bocetos con la clara idea de configurar una torre, al modo de las que embellecen las poblaciones medievales italianas.

Del concepto de torre surgieron los retranqueos de la última planta, para conseguir, por un lado, la esbeltez del cuerpo de coronación, y por otro, unas terrazas ajardinadas que son uno de los más bellos miradores del viejo Madrid.

Cayo Redón se había encontrado con un grave problema para un arquitecto: un número par de huecos en la antigua fachada, cuatro en este caso, que le impedían acentuar un hueco central para conseguir la necesaria simetría entre dos elementos laterales y uno principal, colocado en el eje. La enorme habilidad de Redón queda demostrada en un detalle que ha pasado desapercibido: el cambio sutil de cuatro huecos a cinco, consiguiendo que los tres centrales formen primero un triple balcón y luego, en la culminación bajo la cubierta, una transparente columnata. La rotundidad de los aleros, que marcan con nitidez las sombras, es el elemento imprescindible para definir la separación entre fachadas y cubiertas, entre el cuerpo principal de la edificación y el que ejerce la doble labor de proteger de la lluvia y dar forma a la silueta de la arquitectura contra el cielo.

A la izquierda: vista del edificio en su conjunto, con la clara separación entre el cuerpo bajo, ya existente, y las tres últimas plantas, ampliadas por Cayo Redón.

A la derecha: detalle del magnífico cuerpo de coronación.

Arquitecto:
Teodoro Anasagasti, 1920
Situación:
Gran Vía, 32

Comenzaba la nueva década de los 20 con una gran euforia en la construcción. Madrid veía como se levantaban grandes edificios en el nuevo tramo de la Gran Vía, entre la Red de San Luis y Callao. La compañía de capital francés, Madrid-París, dedicada a los grandes almacenes, había comprado el mejor solar de la zona. El joven arquitecto Teodoro Anasagasti, que había vuelto de Roma con enorme prestigio, recibió el encargo de acomodar los planos enviados desde Francia.

Anasagasti había entrado en el mundillo de nuestra profesión gracias a su matrimonio con la hija de López-Sallaberry, uno de los más afamados arquitectos de principios de siglo.

Sallaberry le puso en contacto con el periódico ABC y la revista Blanco y Negro para que realizase los talleres de Castellana y le propuso algunas colaboraciones como la del edificio El Ocaso de la Glorieta de Bilbao.

Los Almacenes Madrid-París podían haber sido uno de los más bellos legados de Anasagasti a Madrid, pero su quiebra a los cinco años de su apertura, condujo a la desaparición del espectacular patio central, cubierto con cúpula traslúcida. Luego llegó la ocupación de los soportales por tiendas y la construcción del cine que aún funciona. Además, Anasagasti se vió obligado a duplicar las plantas de la edificación, intentando conservar el estilo inicial, a base de franjas verticales.

Anasagasti se convertiría en un especialista en cines y teatros, como el Monumental de la calle Atocha, el Real Cinema de la Plaza de la Opera y el Pavón de Embajadores.

A la izquierda: vista del edificio Madrid-París, insertado en su entorno de la Gran Vía. A pesar de las diferencias, todos los proyectos acentúan la verticalidad y el sentido piramidal de la composición.

A la derecha: detalle de la cúpula del Madrid-París, con la escultura del ave Fénix.

Arquitecto:
Cayo Redón, 1920-1922

En la calle más elegante de
Madrid, eje imprescindible
del barrio del Marqués de
Salamanca, recibió Cayo
Redón el encargo de proyectar un edificio de viviendas
que destacase por encima de
los que le rodeaban.

Ya había disfrutado Redón de
reconocimiento profesional en
la Plaza de Ramales, pero
aquello era una reforma de
algo ya existente y en cambio
ahora se encontraba con un
proyecto de nueva planta.

El barrio de Salamanca había
sido construido en la segunda
mitad del siglo XIX y sus edificaciones de viviendas
seguían una tipología muy discreta, basada en el anonimato.
Todos los arquitectos hacían
las mismas fachadas, con
franjas verticales de balcones
y machones de ladrillo. De
esta uniformidad nacía un
paisaje urbano muy coherente
y homogéneo, alejado de los
grandes divismos de la arquitectura de autor.

Sin embargo, para Cayo
Redón aquella vieja arquitectura era tremendamente abu-
rrida y había que seguir la
moda regionalista que tanto
éxito había dado a Rucabado
en Santander, a Smith e
Ibarra en Bilbao y a Aníbal
González en Sevilla.

Es curioso recordar que
durante la construcción del
edificio ocurrió el *desastre de
Annual*, en el norte de Africa,
con el que se iniciaría una cri-
sis de confianza en el ejército.
Las dificultades de política
exterior llevaron al auge de
esta arquitectura regionalista,
como un rechazo de la
Arquitectura Internacional en
favor de nuestra propia
historia.

Arquitecto:
**Francisco García Nava,
1920-27**
Situación:
Alfonso XII, 32

Madrid había tenido un castillo medieval, el Alcázar árabe,
que se incendió en la
Nochebuena de 1734. Sobre
él se levantaría, en los años
siguientes, el Palacio Real de
la Casa de Borbón.
Quizá García Nava sentía nostalgia de aquella fortaleza,
que conocería a través de
antiquísimos grabados, y
quiso construir una en miniatura, aprovechando la vecin-
dad del misterioso Casón del
Buen Retiro, en el que baila-
ba la corte decadente de
Carlos II "el Hechizado".
Nava debía elevar dos plantas
y un ático sobre un edificio de
viviendas construido por José
Marañón en 1887. La dife-
rencia entre ambos arquitectos era abismal. Si Marañón
había optado por el camino de
la cantidad, cubriendo Madrid
de un prototipo de vivienda
de sencilla composición,
García Nava prefería pocos
trabajos para dedicarles todo
su tiempo y su imaginación
romántica.
Para García Nava la arquitectura debía hacernos soñar,
transportarnos a épocas pasa-
das en las que cada moldura,
cada perfil, estaban llenos de
connotaciones simbólicas. Una
arquitectura que servía no
sólo como cobijo o fortín, sino
como lenguaje con el que
poder expresar los sueños y
aspiraciones de los habitantes
de la ciudad.
La arquitectura utiliza el jardín para exhibirse, orgullosa,
desde la distancia. Pero el
jardín del Retiro también se
sirve de ella, como fondo esce-
nográfico que, con su precisa
geometría, complementa el
libre crecimiento de plantas y
árboles.

Arquitecto:
Antonio Palacios, 1920-25.
Situación:
Gran Vía, 34

Cuando Palacios recibió el
encargo de transformar un
edificio de viviendas, proyectado por Yarnoz, para un
nuevo uso de hotel de viajeros
y oficinas, se acababa de inau-
gurar su Casa Matesanz, en
la acera de enfrente de la
misma Gran Vía. Allí había
desarrollado el tema de miradores de cristal entre muy

altas columnas con gran éxito.
Conseguía una gran luminosi-
dad para el trabajo de oficinas y daba un carácter monumental a esta Gran Vía, que
se iba completando, como un
museo de los estilos arquitectónicos de las primeras décadas del siglo.
En este edificio para el Hotel
Alfonso XIII, que pronto
cambiaría su nombre por el
del Hotel Avenida, se encontró Palacios con las típicas
dificultades de un proyecto
que ha sido pensado por otro
compañero de profesión.

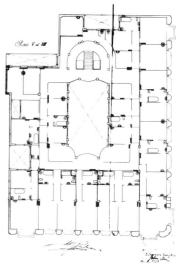

Lo primero que hizo fue divi-
dir el alzado en los tres cuerpos clásicos, con un basamento de entrada que comprendía
tres alturas y que servía de
apoyo, con grandes ménsulas,
al cuerpo principal, estructu-
rado como un bellísimo pórtico jónico. Las columnas, de
sección poligonal, estaban for-
madas por placas de mármol
negro, sujetas a la estructura
portante por medio de fijacio-
nes vistas, detalle muy utilizado en la *Secesión vienesa.*
El cuerpo de coronación vol-
vía a utilizar las torres goticis-
tas de su primera época, como
las del edificio del Palacio de
Comunicaciones de Cibeles.
Era como si Palacios se hubie-
ra asustado de él mismo, de su
capacidad para revolucionar
la sintaxis arquitectónica. Si
en el Círculo de Bellas Artes,
de 1919, había ensayado un
lenguaje nuevo y de ruptura
con el ornamentalismo reinan-
te, en este Hotel Alfonso XIII
deseaba volver a puerto segu-
ro, huyendo de las tempesta-
des de su propio talento
creador.
Palacios organizó la planta
como un anillo alrededor del
patio central cubierto, con
escaleras y ascensores en el
fondo norte, junto a la
medianera.

Viviendas en Príncipe de Vergara

Arquitecto:
Joaquín Juncosa Molins, 1920
Situación:
Príncipe de Vergara, 15

En los años 20 aparece en escena un nuevo tipo de propietario que, buscando la máxima rentabilidad a su inversión, decide juntar en un mismo edificio su casa-palacio y las viviendas de alquiler que le proporcionarán la renta suficiente para un lujoso nivel de vida. Para ello, la fachada deberá simbolizar al alto *status* de los inquilinos, con bellos fragmentos arquitectónicos y materiales de inmejorable calidad. Una burguesía cada vez más numerosa tiene por fin acceso a una arquitectura muy bien terminada. Príncipe de Vergara era un precioso bulevar, con un frondoso paseo central, y se consideraba en la época uno de los mejores lugares para recibir un encargo de arquitectura. Joaquín Juncosa Molins trabajó en este caso para Jacinto Soler, preparándole unos dibujos que se llevaron a cabo con absoluta fidelidad, a excepción de algunos detalles en la última planta, donde aparecieron unos soberbios *motivos palladianos*, de arco flanqueado por sendos huecos adintelados, y otros cambios evidentes como los arcos triplicados de los torreones, homenaje lejano al tan querido *estilo Monterrey*.
Juncosa sintetizó en esta fachada toda la sabiduría de nuestros arquitectos del XIX, haciendo uso de muros de ladrillo con dinteles, impostas y dovelas de piedra, que nos recuerdan a Madrazo y Viollet-le-Duc. También aparecen temas figurativos que son ya claramente de principios del siglo XX como los ➤

Arquitecto:
José Antonio Agreda, 1926-27
Situación:
San Bernardo, 112

Mientras que en Madrid se desarrollaba la arquitectura racionalista y se iniciaban los planes de la nueva Ciudad Universitaria, todavía se levantaban edificios como éste de José Antonio de Agreda, que basaban su lenguaje en sugerentes evocaciones a una posible arquitectura nacional, surgida como suma del arte de las diferentes regiones de España.

Los edificios racionalistas no han aguantado el paso de los años, la ausencia de aleros permitió que el agua y el hielo levantaran los revocos de sus muros y oxidaran sus elementos metálicos en terrazas y ventanas. Sin embargo, construcciones como ésta, que parecían anticuadas en su momento, ancladas en un pasado estético que se negaba a aceptar la desnudez funcionalista, permanecen intactas en sus materiales y en su capacidad de evocaciones nostálgicas.

El arquitecto José Antonio de Agreda, consciente del éxito de sus fachadas, repitió composición y materiales en algunas otras, como en esta misma calle de San Bernardo, en el nº 67. Los bellos miradores de cristales emplomados dejarían de realizarse por aquellas fechas, perdiendo paulatinamente las ventanas y terrazas de los edificios aquellos detalles constructivos que ahora añoramos, cuando la artesanía es un bien en extinción.

◄
miradores de obra, volados sobre el muro de fachada y responsables del equilibrio compositivo. Miradores que son el siguiente paso evolutivo de aquellos de hierro que se superponían al muro tan sólo quince años antes.
La última planta era sin duda la más cuidada porque el arquitecto sabía que, igual que en un paisaje montañoso nos fijamos en la nieve de la cumbre, en un paisaje urbano son las siluetas de coronación las que nos hacen reconocer un buen proyecto. La serie apretada de arcos centrales se cubre con una cornisa de origen regionalista, que no llega a invadir la verticalidad de los miradores, para que estos puedan alcanzar, con absoluta limpieza, los torreones de cubierta.

Arquitecto:
Modesto López Otero, 1928
Situación:
Virgen de los Peligros, 2

López Otero fue un gran maestro. En su estudio se formarían los mejores arquitectos de los años 20, con los que luego crearía un inigualable equipo para idear y construir la Ciudad Universitaria.

Su arquitectura fue una síntesis perfecta de todos los estilos que se manejaban a comienzos de siglo. Supo aunar la monumentalidad con un despojamiento de excesivos ornamentos.

Cuando tuvo que realizar los hoteles de Gran Vía, 25 y la Glorieta de Atocha, no acudió a la fácil receta de llenar todo con molduras de piedra artificial, sino que ordenó las fachadas como superficies modernas, de sencillas líneas geométricas.

Cuando recibió el encargo de la Unión y el Fénix para la calle Peligros quiso dejar constancia de que él también sabía hacer arquitectura figurativa. La dificultad del proyecto radicaba en respetar la magnífica cúpula de las Calatravas, construida en 1670 por Fray Lorenzo de San Nicolás. López Otero ideó una torre muy esbelta, con cierto parecido a la Giralda, que se separaba de la histórica cúpula para crear un espacio libre en el que pudieran respirar ambas edificaciones, durante la larga vida que, juntas, iban a recorrer.

La torre de la Unión y el Fénix es como un rascacielos en miniatura. Posee toda la belleza de un esbelto prisma vertical, que despega del suelo con ligereza, asciende con una caligráfica composición de fachada y termina con una silueta muy española, buscando un sentimiento de nostalgia en el ciudadano que la contempla al pasear por la calle de Alcalá.

López Otero continuaría su labor de depuración del lenguaje historicista en su Arco del Triunfo de Moncloa, posterior a la Guerra Civil, que concibió, no como exaltación de lo militar, sino como una puerta simbólica a su querida Ciudad Universitaria.

A la izquierda: vista del edificio de la Unión y el Fénix tras el Banco Hispano-Industrial, la última obra de Antonio Palacios.

A la derecha: detalle de la torre de la Unión y el Fénix, con la linterna de las Calatravas en primer plano.

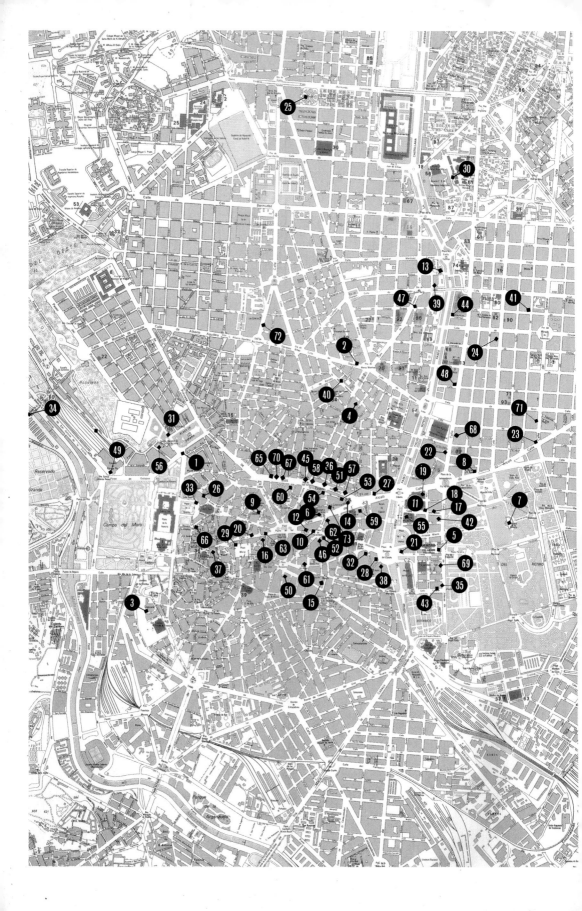